世界未来基金会
深圳大学新加坡研究中心
顶针智库

新加坡公共政策传播策略：
政府如何把握民意有效施政

周兆呈 著

新加坡国家治理体系和治理能力现代化丛书 编委会

总编 刘鹏辉　执行主编 吕元礼
编委（以姓氏笔画为序）
冯仑　吕元礼　刘鹏辉　张万坤　陆波　黄隽青

民主与建设出版社　博集天卷

图书在版编目（CIP）数据

新加坡公共政策传播策略：政府如何把握民意有效施政 / 周兆呈著．—北京：民主与建设出版社，2015.4

ISBN 978-7-5139-0575-6

Ⅰ．①新… Ⅱ．①周… Ⅲ．①政策科学—研究—新加坡 Ⅳ．①D733.909

中国版本图书馆CIP数据核字（2015）第057854号

© 民主与建设出版社，2015

新加坡公共政策传播策略：政府如何把握民意有效施政

出版人	许久文
著　　者	周兆呈
责任编辑	王　颂
监　　制	于向勇
策划编辑	秦　青
特约编辑	楚　静
营销编辑	刘　健
装帧设计	崔振江
出版发行	民主与建设出版社有限责任公司
电　　话	（010）59419778　59417747
社　　址	北京市朝阳区阜通东大街融科望京中心B座601室
邮　　编	100102
印　　刷	三河市鑫金马印装有限公司
开　　本	640mm×960mm　1/16
印　　张	18
字　　数	200千字
版　　次	2015年5月第1版　2020年1月第2次印刷
书　　号	ISBN 978-7-5139-0575-6
定　　价	36.00元

注：如有印、装质量问题，请致电监督电话：010-84409925

"新加坡国家治理体系与治理能力现代化丛书"
总序

人类已迈入新世纪，中国正经历着以习近平为总书记的党中央领导下的意义久远的深刻变革。这场变革以"人民的福祉"为愿景，以"国家治理体系与治理能力现代化"为总目标，以"制度创新"为主要特征，其深度、广度与难度，均超越中国两千余年封建历史长河中的任何一次改革，其对中华民族乃至世界文明的发展都有着无法估量的价值！

回首往事，在过去的100余年里，为建设一个富强、民主、法治、公正与文明的现代化中国，我们的祖国经历了戊戌变法、辛亥革命、五四运动、新中国的创立、"文化大革命"与改革开放；我们的人民进行着一次又一次不屈不挠的艰难的思想探索与体制重塑。直到20世纪末叶，中国人民终于找到了适合自己特点的发展道路——有中国特色的社会主义现代化道路。

今天，坚冰已经打破，方向已经明了，摆在我们面前的重要任务，就是通过一个个具体的国家治理体系与治理能力的现代化建构，来铺就通向美好愿景的坚实大道。如果说改革开放初期我们的重任是思想解放的话，时至今日，36年的改革开放事业，奠定了浓厚的思想解放的氛围与雄厚的经济基础，同时，也要求我们必须将改革引向"深水区"，进行深入而全面的"制度创新"，实现"国家治理体系与治理能力现代化"，这正是十八届三中全会提出的全面深化改革的总目标。早在2012年11月17号的十八届中共中央政治局第一次集体学习中，习近平主席在讲话中就指出"我们要坚持以实践基础上的理论创新推动制度创新，坚持和完善现有制度，从实际出发，及时制定一些新的制度，构建系统完备、科学规范、运行有效的制度体系"。当前我国正在进行的"全面深化改革"的一系列举措，正是顺应了这一历史的必然。

毋庸置疑，中国共产党领导中国人民所进行的改革开放事业，既是一次深刻的思想解放运动，更是一个伟大的制度建设的过程。小平同志早在20世纪70年代，在系统分析新中国成立以来党和国家工作上的失误的原因时就深刻指出："制度是决定因素。"江泽民同志在党的十四届四中全会上也明确指出："注重制度建设，是这次全会决定的一个重要指导思想，制度建设更带有根本性、全局性、稳定性和长期性。"

自有人类历史以来就有制度的存在，制度文明已成为当今世界各国综合国力竞争的主要内容和标志。

随着党的十八大的召开，特别是三中全会以来，对"依宪治国，依法治国"理念的强调，标志着中国改革开放的历史进程翻开了崭新的一页！世界经济全球化与政治多元化的步伐进一步加快,更加要求我们深入了解和掌握国际社会的各种运行机制,及早具备卓有成效的、具有国际先进水平的现代化的国家治理体系与治理能力,这在很大程度上关系着改革开放事业的成败。

历史证明,一个国家不管历史多么漫长,文明多么悠久,不论在制度建设还是在其他各个领域,单方面依靠自然发展是远远不够的。在自我完善、自我创新的同时,必须借鉴和学习其他民族与国家的优秀经验。制度文明是人类智慧的共同结晶。只要我们本着为我所用的方针,对外国的东西进行认真的鉴别与分析,密切结合中国的特点,切实解决中国的问题,不邯郸学步、失其故步,就是可以做到"洋为中用"。

新加坡承中华文明之血脉,汲西方文化之养分,融现代法治之精神、民主之理念,营建了不同种族、不同文化、不同阶层、人与自然、人与人之间的"新加坡模式"的"和谐社会"。尽管新加坡是个小国,新加坡模式并不是尽善尽美,我们不可照搬照抄,但其结合了长期增长、政治稳定与传统价值的成长经验,是提升中国国家治理体系与能力的重要参考。新加坡经验是中国各级官员高度认可并认真学习的榜样,特别是其执政党人民行动党通过议会制度与政府行政制度,把"为民服务"的宗旨与"以民为本"的理念,有效地落实在执政能力上的经验,尤其值得中国共产党借鉴。

当前,建立一个高效、廉洁、公正的国家治理体系,正是中国共产党实现中华民族伟大复兴面临的艰巨任务。

"国家兴亡,匹夫有责。"正是出于这种对民族与国家的责任感和使命感，"顶针智库"在世界未来发展基金会鼎力襄助下，历时有年，编纂了"新加坡国家治理体系与治理能力现代化丛书"，于 2015 年初春时节付梓。该丛书的作者有新加坡的前国会议员、行政官员，也有新加坡研究领域的专家与学者。丛书既有作者大量的切身体会与经验，又有专业的理论深度与水平，对我国现阶段的国家治理体系与能力现代化的改革，有着极强的实用性和操作性，希冀本丛书能够为探索我国政治体制改革的对策与方案，提供有益的参考与借鉴。

顶针智库

刘鹏辉　博士

2015 年 4 月 8 日

长期执政靠什么

我去新加坡之前一直有一个疑问：新加坡人民行动党长期一党执政，但是每过五年社会上就有公开的选举，这究竟是一个民主体制还是一个集权体制？带着这样的疑问，我到新加坡访问了人民行动党中央委员会，终于揭开谜底，并找到了以下几个问题的答案：人民行动党是依靠什么长期执政，又是怎样长期执政的？今后是否会永久执政？

一

新加坡有600多万人，人口虽然不算很多，但是一党长期执政，毕竟需要大量的执政资源、社会资源。我去之前心里想，这么一个拥有几万党员的执政党的党中央，怎么都得有一座大楼。去了一看只有一座三层小楼，还得从最靠边的门进去，拐好多弯才到了接待的地方。负责接待的老先生告诉我们，这就是人民行动党的党中央，一共有12个人，办公面积不到两百平方米，还是租的别人的地儿。这样一个执政50年，被外界认为高度有效、集权威权的领袖和政党，怎么就这么点儿人呢？它靠什么执政呢？

老先生是人民行动党的日常接待人员，相当于咱们副秘书长的日常值班。他说，人民行动党不是通过武装暴力夺权，也不是靠宫廷政变，而是通过选举上台的。也就是说，它从第一天获得政权，就是依托民意。李光耀开始就是一名律师，带领一帮律师从事工人运动、工会运动，后来通过参加选举，使自己的政党取得了执政地位。

另外，相比其他政党，人民行动党的创建者如李光耀等人，都是受过良好教育的知识分子。李光耀夫妇都是学法律的，毕业于剑桥大学，其他创始人也大多在新加坡以外的地方受过很好的教育。这与历史上其他高度集权倾向体制国家的领导人非常不同，那些长期执政的领导人大多文化水平不高，从事武装斗争，要么是军人，要么是农民，要么是小知识分子。

新加坡的李光耀取得政权的起点是参加选举，创立的体制类似于英国的君主立宪制，有一个虚君，虚君在新加坡就是总统。在选举中获得多数议席的政党可以组成政府，由政府管理社会，政府内阁所有部长都是由执政党党员担任的。也就是说，你要成为部长，前提是你要被选为议员，而议员必须是执政党党员。

李光耀当总理，包括现在李显龙当总理，都要经过这样的选举程序，所有的部长也都是打过选战的。五年一选，相当于每过五年人民就要对他们进行考试，考试及格了，人民行动党就得到了议会多数议席，那就继续执政。至于连续几届没有限制，可以一直执政。

另外，如果总理让你做部长，只要选举成功你就可以做，如果选不上那你就退休。

有一天晚上，我跟一名在去年的选战中失败的人民行动党前议员交谈。在他那个集选区，人民行动党提出五个人参加竞选，反对党也提出五个人，如果赢了这五个人都当选，输了就都落选。他们去年在那个集选区惨败，没能当选，这在人民行动党内部算是一个重大挫折。之后他就不做部长了，出来到社会上工作。

二

人民行动党人很少，大量选举工作怎么进行呢？

第一，不是靠军队。人民行动党没有军队，因为军队是国家的武装力量，而不是党的武装力量。新加坡军人是不能参加政党的，除非你是国防部长，人民行动党执政了要派你当部长，那么你可以参加政党，而部长以下的次长（就是比副部长更低的事务类公务员）都不能参加政党。这是沿用的英国体制。

第二，也不是靠企业。新加坡的淡马锡是政府的主权基金，相当于国有企业，也是最大的国有投资公司，与GIC（新加坡政府投资公司）是两个最大的政府基金，但它们不属于政党。这两个庞大的企业属于政府，是内阁管理的一部分，它们的部分盈余纳入国家储备金，同时由总统管理，而总统并不一定是人民行动党党员。所以，人民行动党的竞选不是靠企业或者金钱。

人民行动党没有军队，也没有企业，为什么每次选举都能赢呢？

我发现，靠两点，这两点其实在中国经常讲到，新加坡人民行动党做得很好。

第一是密切联系群众。人民行动党内的议员、部长每周四或周五都要在自己的选区接待老百姓，从上午八点开始，有时候会接待到凌晨一点。选区里家长里短、鸡毛蒜皮的事多了，但是这种接待一做就50年。我有一个朋友是议员，我去看过他的接待，他真是跟每个人都熟，啥事都知道。每个选区就这么几万人，群众有什么事都找议员说，而议员就在竞选的时候拜托大家选他，靠他替大家办事。

据说李显龙也会来接待，这里有政党的一个小活动室。议员做接待时，大概有三分之一的小事调解调解就可以解决，更多时候需要指导群众循着法律途径去解决，还有一些问题不一定能够解决，那就安慰他们，跟他们沟通，帮他们出主意。新加坡的议员一般在自己的选区有两万到三万人需要接待，每次接待都有八百多人。议员就摆一张桌子来聊，这个问题聊一会儿，那个问题聊一会儿，也靠这个来听取民意。

第二就是全心全意为人民服务。人民行动党办了两件重要的事，第一是办了专门照顾儿童的公益基金，在社区创办低收费的幼儿园。这种基金是大家捐钱办的，与政党的基金没关系，属于公益组织。

另外，人民行动党举办很多工会活动。在新加坡，工会是自由的独立组织。李光耀就是做工会起家的，他曾经对工会承诺：你们要的东西，一旦我执政都可以给你们。在这50年里，他践行了承诺，比如帮助工会支持工友充分就业，为工友提供生活保障等，与工会之间的互动一直很有信誉。工会里有一种平价卖场，就像咱们的合作社，那里的粮食、油等都是最便宜的，这也得到了人民行动党的支持。另外，工会还办了保险公司，为工友解决寿险、保险问题。人民行动党为工会办了这么多实事，工会可以让工人们投票给人民行动党，这是一种良性机制。

还有就是凭业绩。就像王石，他在万科没有什么股份，但是他做董事长快三十年了，董事会为什么选他呢？因为他有业绩，不断的业绩累积使人们更信赖他。新加坡人民行动党就是通过组织精英的团队和建立高效的政府，形成有效的制度体系。我们看到，那些竞选议员的人都是精英，当选后才能做部长。同时，新加坡有设计得很好的国家治理制度，人民行动党执政后又不断完善这些制度，这样下次选举时就很容易成功了。新加坡50年创造的业绩有：人均GDP全世界排第三，营商环境全世界排第一，新加坡政府还是全世界最廉洁的政府之一。人民行动党的这张成绩单，在它执政27年的时候大家就看到了，所以后来又让它执政23年。

所以说，一个政党的长期执政是可以不靠暴力、谎言、威胁和强制的。人民行动党会不会永久执政呢？新加坡的议员和部长说不会，比如最近这次补选，人民行动党又失败了，那就让别人上，作为反对党的工人党就很强势地来了。

人民行动党取得了这么好的成绩，在2011年的大选中得到的公众支持率却降到历史最低，所以他们非常有危机感。他们发现，现在的年轻人与执政的议员年龄差距很大，语言系统完全不一样，思维模式也不一样，这是造成现在支持率降低的原因。于是，崔宪来部长等人非常谦卑地去跟年轻人对话，倾听他们的意见，希望在下次选举中赢回年轻人的心。

他们不认为自己可以永久执政，而认为应该不断适应挑战，赢得选民的心，只有这样才有可能长期执政。如果有一天人民行动党做得不够好，或者已经做得很好，很难更好了，而人们希望更好的愿望是不变的，有可能想换换口味，那么工人党就上去试试，人民行动党可能就下台了。

三

再说说执政党的经费和待遇。党中央这12个人花多少钱呢？党中央一年的经费将近500万新元，包括房租、人员薪资，还有一笔预算就是接待，比如我们去了，给我们一瓶水喝，这都得纳入预算。那么钱从哪儿来呢？党费只有一点点，更多是靠议员、部长，他们捐出自己三分之一的收入，大概有两三百万新元，加上党费大概500万新元。党中央的部长都没有公车，从家到办公室得开自己的车。

做部长比一般人有没有更多的经济利益呢？没有。他们应该就是为人民服务。我以前也听说，新加坡部长的薪资是一两百万新元，所谓高薪养廉，但是要知道这是裸薪，以后是没有退休工资的，如果你不当部长了就一分钱都没有，另外也不会管你的用车和看病。这有点像明星拿片酬，片酬之外都靠自己打理。这样算来，部长们的薪资不算高。他们都是名校毕业的精英，比如同是剑桥毕业，在私人公司工作的同学一年拿一百万新元，当部长的话却只有七十万，这就叫机会成本。因为你是为社会大众服务，所以你要减少三分之一，从这个角度来讲，部长真是做奉献。再对比香港的公务员，虽然他们名义工资很低，但是退休以后的二三十年国家都会管。所以按劳动力市场的标准算，当新加坡的部长应该是市价的七折。如果以后不当部长了，他们可以去做公司，相当于咱们国企控股的那种，也可以在私人公司当董事，还可以自己去做生意。因为部长是裸薪，以后还得养活自己。

在新加坡的公务员体系中，部长以上的可以参加政党，而常任秘书（即相当于常务副部长）以下的公务员不参加政党。参照英国的体制，公务员、军人、警察中的事务类人员都不参加政党，只有政务类的部长、副部长参加政党。如果以后工人党竞选成功，可以把部长换成工人党党员。

新加坡人民行动党的入党程序不是多么严格。比如某次选举过后，发现某个年轻人不错，就会说服他参加人民行动党。他入党后就开始接受培养，通过一套很严格的面试体系，包括心理测试，最后一关就是代表人民行动党出来竞选，选上了就当部长，选不上就该干嘛干嘛。一些人年轻时被选中加入人民行动党，但是后来放弃政党，如果后来选上公务员了，可以再做一次审核。专业团队不需要什么倾向，就如公司员工不需要代表各自的股东，否则公司就乱套了；对于一个执行团队，事务类以下的全部是非党，属于职业技术官僚。

偶尔走进新加坡人民行动党的党中央，我发现世界上的华人地区还有这么一个政党，通过选举掌握政权，通过吸纳民意来为人民服务，凭借精英团队和良好业绩长期执政，而且不以永久执政为目的。

在中国，共产党的执政让中国经济有了30多年的荣景，也很成功，但是在现在的社会转型中也面临很多挑战，面临未来中国社会如何整合社会政治资源，从而创设更好的国家治理形式的问题。新加坡人民行动党创造的经济和社会发展模式，可以带来很多参考，这也算是我这次旅行的意外收获。

世界未来基金会

冯　仑

2015年4月8日

目录
CONTENTS

第一章 **制度设计：政治制度与公共政策 / 001**

　　"如果我们进行一项考试，考人们对政策细节的认识，我看新闻工作者和执政党议员也未必会及格。"

　　——新加坡总理李显龙谈公共政策架构。如果过于复杂的话，很难被普通民众消化理解。

第一节　传播理论与公共政策 / 002

第二节　新加坡政治制度特色 / 012

第三节　新加坡公共政策流程 / 017

第四节　"政策营销"的制度建设：新闻官制度 / 032

第二章 **舆论关系：媒体组织与传播架构 / 041**

　　"新加坡报章不能因为其他国家的新闻机构采纳了对抗性的角色而这样做。这不等于说我要新加坡报章成为政府的喉舌。""你们对新加坡人的最佳服务，就是准确地报道、清楚地分析，以及从新加坡人的角度、为新加坡人明智地诠释事件与事态的发展；澄清问题，清楚地说明各项选择，因为在这个复杂的世界里，每一个解决方案都要付出代价。"

　　——新加坡时任总理吴作栋谈报纸与政府关系，1995年。

第一节　新加坡媒体发展状况 / 042
第二节　新加坡媒体与政府的关系 / 048

第三章　柔性传播力：政策传播与接触民众 / 059

"新加坡人都喜欢参加幸运抽奖，如果让定时缴纳保健储蓄的自雇者和散工都有机会参加抽奖、赢得奖品，每个人都会开心。我们不是要鼓吹赌博，但是以抽奖为奖励，从中得到一些乐趣也无伤大雅。"

——为鼓励自雇者和散工加入公积金储蓄计划，并缴纳保健储蓄以享有就业奖励津贴，新加坡总理李显龙宣布政府将举行"缴纳保健储蓄抽奖"。

第一节　政策制定：公务员扎根收集民情 / 060
第二节　柔性传播：公务员展开大规模政策宣传活动 / 066
第三节　宏观高度：总理把政策说透 / 069

第四章　刚中有智：如何推行不受欢迎的政策 / 073

"这是部长的作风，他的方法。如果他先从3000新元开始，谈到最后变成1500新元，我想人民不会接受。因为人们总是希望讨论了之后，有一点妥协。所以，如果合理的话，我们可以调整。"

——新加坡总理李显龙如此分析卫生部部长许文远推行一项不太受民众欢迎的公共政策时的策略。

第一节　支付能力调查：五年磨一剑 / 074
第二节　测试"风向球"：完成议程设置 / 078
第三节　大选因素：政策暂时搁置 / 085
第四节　空中对话：公开回复澄清政策 / 090
第五节　减压效应：逐步透露政策可能细节 / 098
第六节　"给糖哲学"：公共政策传播手法 / 102

目录

第五章 最接地气：打造年度最重要政治演讲 / 109

"中等收入家庭购买四房式组屋时，将可另外得到高达2万新元的津贴，这是一笔不小的数目，而目前他们已获得为数不小的津贴。让我解释它是如何运作的。我来充当你的房屋经纪人，但没向（国家发展部部长）许文远领取佣金。"

——新加坡总理李显龙在2013国庆群众大会上演讲，解释政府新的购屋津贴政策，风趣的话语引起观众大笑。

第一节　总理演讲：最佳公共政策传播平台 / 110
第二节　政治演讲：展示沟通接地气能力 / 116
第三节　政治演讲善用新媒体传播 / 120
附　录　李显龙国庆群众大会演讲全文2013 / 124

第六章 弥补代沟：注重年老社群沟通 / 167

"在建国一代配套的宣传与沟通上，政府也面对一些特殊的挑战。我们仍然需要传统的沟通与宣传渠道，如印刷广告和网站等，但仅有这些可能还不太够。"

——为了让年长者更深入认识建国一代配套，使这一良政获得充分了解，新加坡政府专门成立了一个22人的跨部门专案工作小组，负责统筹建国一代配套的沟通和宣传工作，担任专案小组主席的财政部兼交通部高级政务部长杨莉明如是说。政府还专门制作多种方言的视频进行政策解释。

第一节　好的政策还得说透：方言、表演齐登台 / 168
第二节　豪华阵容：跨部门政策传播专案小组 / 173
第三节　动之以情：巧打感性牌 / 177

第七章 反思政策：重新认知民意与政策 / 183

"在执行政策时，我们的做法必须更加灵活、考虑更加周到和更有同情心。没有任何政策能照顾到各种可能偶然发生的情况，因此政策在执行时必须有所判断，而且也要发自内心去考虑。政府提出政策的用意是使我们的生活过得更好，当出现意想不到的结果时，我们必须迅速果断地加以扭转。当我们犯下错误的时候，也应该承认并加以纠正。"

——李显龙在2011年总理就职典礼上演讲，谈如何更好地执行政策。

第一节　大选警钟：公共政策失误的教训 / 184

第二节　人口白皮书：政策沟通不足的反思 / 196

第八章　众声喧哗：新媒体时代的民意表达与政策传播 / 207

"我们做决策时，在分析这些电邮或网帖时，不可能按照所收到的意见当中，多少则是支持的、多少则是反对的，进而计算出支持者有理或反对者有理。我们必须了解这些意见代表什么。"

——李显龙2010年谈政府应该如何准确地辨别和判断网络上的民意。

第一节　新加坡新媒体发展概况 / 208

第二节　媒体管制应对未来政策传播 / 217

第三节　民意蓬勃影响公共政策 / 229

第四节　鉴别虚假民意的人工草皮 / 236

第九章　与网共舞：新媒体时代的政策传播策略 / 241

"世界各地的社会、社区和政府，都不再与以往相同。我希望你们会觉得我的脸谱（Facebook）页面有意思。我将用它来提出在进行和思考的事，但我也希望听到你们的声音。让我们使用这个页面来厘清想法，认清如何共同改善生活。"

——李显龙在他脸谱页面的首篇文章中，谈政府的沟通方式和政策传播方式需要顺应新媒体而进行改变，建立新媒体思维。

第一节　政治架构的新媒体思维 / 242

第二节　政治人物亲力亲为 / 249

第三节　烟霾危机中的政策传播 / 261

新加坡公共政策传播策略

第一章

制度设计：政治制度与公共政策

"如果我们进行一项考试，考人们对政策细节的认识，我看新闻工作者和执政党议员也未必会及格。"

——新加坡总理李显龙谈公共政策架构。如果过于复杂的话，很难被普通民众消化理解。

第一节
传播理论与公共政策

一项好的公共政策要想得到有效实施，除了需要制定者对政策本身具有专业判断、对政策实施效应具有全局考量之外，同样对制定者或发布者、解说者的传播能力有着很高的要求。制定阶段时的听取民意，对外发布时的制造舆论、争取支持，讨论政策时的主流引导，激烈争辩时的方向把握，都需要公共政策的主事人熟悉传播规律、了解受众的喜好，才能有针对性地对公共政策从制定、发布到实施的不同流程采取不同的传播策略，从而达到最好的政策宣传效果。

传播理论涉及的领域和范围比较广泛，与公共政策有关的传播理论主要包括四个：即"沉默的螺旋"理论、议程设置理论、拟态环境理论以及把关人理论，这四个理论可以说体现了在政策传播不同环节的相关规律和作用。

一、舆论是怎么来的:"沉默的螺旋"

"沉默的螺旋"(The Spiral Of Silence)理论主要是解释舆论的形成过程,由德国社会学家诺依曼(Elisabeth Noelle-Neumann)在1980年出版的《沉默的螺旋:舆论——我们的社会皮肤》中提出。诺依曼发现,为了防止因孤立而受到社会惩罚,个人在表明自己的观点之前要对周围的意见环境进行观察,当发现自己属于"多数"或者"优势"意见时,倾向于积极大胆地表明自己的观点;发现自己属于"少数"或者"劣势"意见时,一般人会由于环境压力而转向"沉默"或者附和。

根据诺依曼的分析,由于通过大众媒介提示的意见具有公开性和传播的广泛性,容易被受众当作"多数"或者"优势"意见所认知。在"劣势意见的沉默"和"优势意见的大声疾呼"的螺旋式扩展过程中,社会生活中占压倒优势的"多数意见"——舆论就此产生。[1]

"沉默的螺旋"充分解释了舆论的形成与公众对周围意见环境的认知的社会心理的关系。对于公共政策制定者来说,"沉默的螺旋"能够解释政策在传播之初,为何某一群体的意见会成为占主导地位的主流声音,成为主流舆论。

"沉默的螺旋"理论虽然可以解释舆论的形成,但就此理论进行收集和分析相关舆论时,也不能僵硬地全盘接受,而需要注意其中还存在很多变数。比如:很多传播研究已经表明,"对社

---

[1] 参见伊丽莎白·诺尔·诺依曼著、董璐译《沉默的螺旋:舆论——我们的社会皮肤》,北京大学出版社,2013年。

会孤立"的恐惧不会是一个绝对的常量，而是一个受条件制约的变量。它取决于个体对所谓社会孤立的恐惧感的敏感程度，正如个人所具备的不同情商，对身边的社交圈子和外部环境压力的担忧和恐惧，都可能处在不断变化的过程中，和个人的情绪、心境、对别人感受的敏感能力等因素直接相关。

另一方面，相对来说，在有关整体社会的伦理道德、行为规范等问题上，"多数意见"可以产生巨大的社会压力，对少数意见的表达产生一定的压制作用，但如果是涉及技术性或程序性的问题时，这种压力未必有效。而且，越是在一个理念多元、开放透明、价值观差异显著的社会，"多数意见"产生的社会压力就越未必能够如此强大。

网络传播的匿名性更冲击这一理论所展示的舆论形成过程。

"沉默的螺旋"旨在说明舆论的形成过程，比较强调"多数"或"优势"意见的压力，但是公共政策制定者在以此考察舆论时，也要注意少数派在其中的作用。比如，当舆论焦点的争议问题与个体自身存有直接的利害关系时，处于少数、弱势地位的社会群体往往也会站出来表达意见，对多数意见表示抵制。当这些少数群体、中坚分子表现出坚定的意志、强烈的主张，能够对"多数派"产生有力的影响，对政策的主事者产生一定的压力，甚至可以改变现有的看法，并推动新的观念的形成。这一点在互联网的新媒体时代尤为显著，一方面网络传播的匿名性和迅速凝聚起的意见和观点，冲击着"沉默的螺旋"这一理论所展示的舆论形成过程；另一方面，网络时代中少数意见的强烈表达和个体不受集体观念影响的自由抒发，如果这种现象持续、持久且坚定，往往会在网络舆论中形成较大的声势，可能带动对多数意见的影响甚至改变。

比如说，2014年7月，新加坡发生一起因为童书处理而产生的社会争议事件。事因是新加坡国家图书馆收到投诉，称儿童书部门的企鹅题材儿童绘本《三口之家》等三本书含有鼓励同性恋的问题，图书馆管理当局决定将书籍下架和销毁，但这一决定在宣布后，迅速在网络上引起争议和辩论，一些同性恋平权团体发出强烈不满和批评，并得到部分网民的响应。有网民在网上发布公开信，征集数千签名，呼吁保存这些书籍。还有人呼吁抵制图书馆及图书馆活动，另外则有数百人通过网络动员网民，到国家图书馆大厦前，一起阅读这些"禁书"。但与此同时，网上签名支持图书馆维护主流价值观和传统家庭观念决定的也达到数万人。

从这起事件中可以看到，过去在新加坡属于少数、弱势地位的同性恋平权行动，在网络时代，他们可以迅速凝聚成共性的观点并发出声音，以强烈的意志影响集体观念以及多数意见的走向和声势。这在某种程度上改变和调整了"沉默的螺旋"的舆论形成规律。

二、如何决定受众想什么：议程设置

议程设置是媒体在新闻生产过程中因为自身的价值理念而影响新闻呈现的传播效果。因为大部分人对于外部世界发生的重要事件及其重要性的判断和了解，通常依赖于大众传播。在这个传播过程中，传播媒体扮演的角色就不仅是信息源，还包括了形成判断的影响源。传播媒体如果突出报道某一事件或课题，这一事件和课题就会引起公众的特别重视。极端一点来说，如果媒体没有关注某一事件或议题，这一事件和议题基本上就不会引起人们的关注，甚至相当于没有发生过。

媒体的"议程设置功能"，大多数时候是基于媒体的判断、定位、社会责任等自觉而主动的行为，通过在标题设置、版面安排、图片大小、节目顺序、时长等方面的处理而实现。

通过"议程设置功能"，人们可以发现，在受众对当前重要问题的判断与大众传媒反复报道和强调的问题之间，往往存在着一种高度的对应关系。也就是说，大众媒体突出报道什么问题，就会引起大众特别重视什么问题。越是突出某个议题或某个事件，就越会影响公众关心此议题或事件。展示媒体影响力的其中一个渠道就是引导公众特别关心某一议题的能力。强势媒体或影响力大的媒体的"议程设置功能"的效力就更强，正因为如此，在很多新闻发布会上，一些强势媒体就能够获得特殊的地位和照顾，甚至即使迟到，主办方也都会耐心地等待他们到场才开始举行发布会。

"议程设置功能"虽然展示了媒体的"良苦用心"，但是受众越来越具有思考能力，大众传媒往往不能决定人们对某一事件或意见的具体看法。不过，"议程设置功能"让媒体"不能决定人们怎么想，但是能够决定人们想什么"。通过提供信息和安排相关议题，媒体得以有效地左右人们关注某些事实、影响他们的观点及人们对事件议论的重要性或关注程度的深浅和先后顺序。

虽然媒体都注重客观报道，但新闻传播本质上是主观的新闻产品，报道的内容是采编人员一种有目的的取舍选择的结果，因此，对外部世界的报道并不是百分之百镜子投射式的反映。但是在大部分情况下，这种取舍和选择是在不动声色之间实现了议程的设置，突出了媒体希望受众关注的议题。当然，常常也会出现的一些情况是，媒体会有"编者按""前言""引言"等新闻报道本身以外的方式，对报道的内容或评论进行一番解释说明，这在某种程度上可以公开解释媒体的议程设置的目的和初衷。

媒体机构是"议程设置"的主体，但是社会中的各类信息源同样可以成为议程设置的主体，借助媒体平台实现设置。比如各类利益团体，包括政府部门、公共机构、企业等，都可以通过发布时间、发布场合、发布对象、发布内容等进行相关的信息操作和控制。有些是看得见、摸得着的直接方式，有些则是幕后、看不见的力量在进行操控，为媒体设置议程。

举例来说，政府部门定期举办新闻发布会，公开传播政府的言论、观点和措施，因为具有公共性，一般都会引起媒体的关注和报道。政府官员都希望利用媒体，用媒体的语言把这些消息公布于众，而媒体多数情况下对此是无能为力的，只能加以报道，因为这个时候官员是他们的主要消息来源。对官员来说，由于他们主导新闻发布的节奏，间接实现了操纵媒体、控制信息的功能。美国广播公司节目主持人、曾专跑白宫新闻的山姆·唐纳森（Sam Donaldson）曾说："一般来讲，媒体即使不是权势的侍从，也至少是它的亲兄弟。我们每天都会有一条按照白宫建议播发的报道，只是有时变了样子而已。"这段话就直接明了地说明了白宫有效地设置议程、媒体被动地随之起舞的状况。

举办新闻发布会是公开而透明的设置方式，还有一些在必要的时候，需要通过散布小道消息、事先透露部分情节、放风吹风会等方式，引导受众关注议题，但不会喧宾夺主，同时达到了解舆情、引导社会舆论走向的目的。

当然，媒体在报道这些经过议程设置的信息时，通过自身的判断、处理，完成议程的二度设置。

对政府部门来说，公共政策的制定可以被视为一套过程，其中至少包括：议程的建立、对一些从中做出选择的备选方案的阐明、在备选方案中做出一个权威性的选择、决策的执行。这里的议程，既包括政府官员对认真关注的政策问题所进行的分类、编目、制定方案，也包括政府官员如何对外设定讨论的范围和对象以及方式。公共政策需要借助议程设置功能，但另一方面，在市场竞争化的媒体环境中，媒体的处理和公众的反应是一个动态的变化过程，不可能实现完全垄断和随心所欲地设置议程，或是议程设置之后，未必能够实现自身需要的传播效果，还需要不断地把握动态而进行调整。

三、媒体制造的图像：拟态环境

"拟态环境"这一理论是由美国新闻工作者沃尔特·李普曼（Walter Lippmann）提出，主要是指由于人们的活动范围、经历和注意力有限，无法对有关的外部环境保持整体的客观认识，对于那些超出自己能够亲身感知的事，就需要依赖新闻供给机构去了解。在这一意义上，是媒体制造了世界的图像和人们的感受。正因为此，媒体能够实现影响和干预现实环境，能力也变得越来越强。而人们所接收到的关于现实环境的描述其实是"拟态"的，即是由媒体所制造出来的。

从传播的角度来看，媒体能够营造环境，这一环境将制造出集体情绪，而这一集体情绪必然会影响人心以及观念。对于公共政策的制定者和传播者来说，媒体营造出的集体情绪环境，将直接影响公众对政策的支持或反对立场的选择与判断。

四、新闻是加工出来的：把关理论

"把关人"又称为"守门人"（gatekeeper），是由美国传播学者库尔特·卢因（Kurt Lewin）提出。任何信息的流动都需要渠道，在这些渠道中，会有相关的规则和标准，来决定信息是否能够进入渠道或允许其继续在渠道里流动。在传播的过程中，就会在不同的渠道阶段或检查点上存在着一些把关人，把那些符合群体规范或把关人价值标准的信息内容放入传播的渠道。对于媒体来说，把关活动主要包括两个阶段，一是新闻采集阶段，采写新闻的记者会根据自身的经验、媒体的规范对各种信息进行取舍和加工。二是新闻加工阶段。把关人以编辑、制片或高管为主，在输出阶段的所有信息，不论是新闻的篇幅、时长还是位置、时段等，或是版面设计、标题制作，都要经过后端制作的把关。这一阶段的把关也比第一阶段的把关活动更具决定性作用。

这两个阶段的新闻收集采写和制作出品，体现的是新闻生产过程背后的一套完整的规则和逻辑，这些规则和逻辑与新闻机构及其所在的社会整体制度和系统有着直接的关系，包括新闻从业人员的素养、知识背景、媒体机构的传播流程、组织性质、内部生产机制的规范和章程、政党与政治的特性、社会制度的开放程度、民众的风俗习惯、人口结构与文化组成等等，最终集中反映在媒体产品的呈现上。

五、媒体理论如何影响公共政策的形成

那么，上述这四种媒体理论会在公共政策的形成、制定和传播过程中发挥什么样的作用？作为公共政策的制定者和执行者又如何能够通过了解这些传播规律，为公共政策的传播达到更好的效果，既有利于政策的推行，又能够得到公众的支持？

简单来说，"沉默的螺旋"理论可以让公共政策制定者具体了解舆论的形成过程，知道如何尝试营造公众的印象和观感，如何让这些印象和观感能够成为主流意见，并推动公共政策主流观点的形成，继而营造出符合政策取向的舆论。

议程设置理论则提醒政府部门，如何通过有效的议程设置手段，比如新闻发布会的内容、时机和方式的选择，如何为媒体或公共平台提供信息、进行沟通等，为政策的推进和传播建立合适

的节奏，决定民众的关注点、关注面，引导舆论的方向、进程等。

拟态环境理论则为政府部门在传播公共政策时影响民众的认知和判断提供可能。一方面，通过媒体传播营造出的环境可以影响民众对政策的看法，以及民众支持或反对的程度；另一方面，民众的这些看法和观念又可以被充分借用，成为民意的体现，反过来影响政府部门的政治态度、观点和做法。

把关理论则证明了政府对媒体生产环节的重要影响，政府能够通过规范的约束，或通过与媒体机构的沟通，或通过相关指令的手段（在特定的媒体管制环境之下），以及对媒体把关者的影响，有效地将对政策的误解、不利于政策推行的因素等负面影响降至最低，将政策中最容易获得支持的环节有效传播，最终有利于整体政策被接受。

公共舆论对政策的制定、传播和执行，可能具有积极作用，也可能产生消极影响。它可能会使某些项目或议题成为政府被迫讨论的议程，原因在于公共舆论能够促使对该课题感兴趣的民众大力推动议程，让那些为寻求选票支持或政治支持的政治人物或政府领导人来关注这一议题。

消极的公共舆论影响是施加给政府的种种约束，而不是促进政府行政的积极力量，对于政府的公共政策实施更值得注意。公共舆论的走向，可以引导政府部门积极完成某事，但消极影响则会约束政府不能完成某事或终止某项政策。公共政策在传播过程中的舆论走向，将直接影响政策能否实施或实施的成效大小。这也是为何公共政策的制定者需要对传播规律和舆论的形成模式具有一定的了解，以便更有效地推动政策的实施。

与此同时，在新媒体的冲击下，社会价值观在全球范围内出现转变的趋势，公共舆论普遍倾向于自由表达观点的社会环境，作为公共政策的制定和执行的主体的政府，对舆论更需要有准确的判断。单一公民团体或利益团体的声音可能会不断加强，有可能以充分的强势挟持保持沉默的集体民意，少数人声音突出，制造出另一种舆论，政府就需要仔细，在维护开放态度和政策的同时，确保这种舆论不会被滥用，以谋取个体或小团体的利益。

在网络时代，意见多元表达的时候，公民社会组织、边缘群体的崛起就是一种趋势。在不同社群、团体和个人对不同的政策和课题进行公开讨论甚至辩论时，政府需要评估某一决策对社会秩序和结构所可能产生的影响，权衡轻重后再做出决定，必须确保决策对社会上的大多数群体有利，而不是受声量大而影响舆论的少数人的影响。

第二节
新加坡政治制度特色

一、推行政策的挑战不在于如何获得国会支持

公共政策的制定与传播，选择何种方式、传播效果如何，与政策制定和传播者所处的政治制度息息相关。政策的制定流程是

否需要充分考虑民意因素，传播策略采取何种程度的透明水平，以说服、解释还是说明或简单发布为主，都取决于政策的制定者与传播者所处的政治制度以及执政者与民众的政治关系。要讨论新加坡公共政策的传播策略，必须先对新加坡的政治制度进行基本的介绍，从而建立起对公共政策的背景、缘由以及传播方式的有机联系。

根据《新加坡共和国宪法》，新加坡是议会共和制国家。自1819年开始成为英国殖民地，1955年建立民选政府，1959年实现自治，1963年加入马来西亚，1965年被踢出马来西亚成为独立国家。自1959年取得自治地位以来，由1954年11月21日创立的新加坡人民行动党一直执政，行动党当时是由受华文教育的工会领袖与受英文教育的专业人员组成核心，吸纳包括草根、中产阶级、专业人士在内的各阶层的新生力量和精英入党。在1957年举行的首次市议会直选中，新成立的人民行动党就获得了接近半数的议席；1959年立法会选举中则获得压倒性胜利，取得51席中的43席，之后一直牢牢占据执政党的地位。

虽然新加坡人民行动党目前被认为是强势执政党，但在执政历史上，该党曾经因为意识形态和路线斗争而经历两次分裂（1960年和1961年），直到1966年之后，才以压倒性优势控制国会，成为强势的执政党，并且已经成为世界上实行多党制国家中对国家掌控能力最强、执政时间最长的执政党。

在每次大选中，新加坡人民行动党都会推出候选人竞选所有的国会议席，候选人获胜进入国会成为议员后，成为人民行动党领导国家的政治核心。为密切政党与选民的关系，人民行动党在执政初期就制定了议员定期会见选民的制度并坚持至今。人民行动党的议员均为该党高层党员，由他们出面接待选民，可以直接倾听选民意见，缩短该党高层与民众的距离。行动党组织结构比较严密，中央执行委员会是最高决策机构，成员不超过18人，掌管党的一切事务。下设总部执行委员会，负责管理各级组织。总执行委员会下设9个不同职能的分委员会。人民行动党在每个国会选区设有党支部，一些大的选区还设有区域分部。该党还在党内设立青年团和妇女团，吸引大批青年和女性作为党的储备力量。[1]

新加坡政治发展模式是一种东西交融的改良型模式。新加坡实行议会共和制，行政、立法和司法机构都按宪法规定设立，各负其责。总统为国家元首，国会实行一院制。在1991年以前，总统由国会任命。1991年宪法修改后，总统由民选产生，任期6年。修正后的宪法也赋予总统更多的权限，包括否决可能危及国家安全或种族和谐的政府法案，在总理的推荐下任命内阁部长以及启动腐败调查程序。但总统在采取这些行动前必须先咨询总统顾问理事会的意见。

大选中获得过半国会议席的政党将获得执政权，总统委任执政党的领导人为总理，并依据总理的提名任命内阁成员，内阁集体向国会负责。司法权属于最高法院及其下属法院。由于人民行动党长期占据国会中绝大多数席位，因而形成了内阁由党的秘书长任总理，议长由党内其他领袖担任的格局。宪法规定，总理只能从

---

[1] 参见新加坡人民行动党网站，http://www.pap.org.sg。

当选的议员中提名各部部长、政务部长、政务次长组成内阁，因而事实上内阁的主要成员同样也是国会的组成人员，没有入阁的当选议员则在议会扮演监督政府政策和支持政府政策的双重角色。

从政策实施的角度看，通过这种方式，人民行动党政府可以非常容易地在国会通过政府的政策提案。因此，从某种程度上说，新加坡政府推行公共政策的挑战不在于如何获得国会的通过和支持，而在于如何获得民众的支持和认可，进而将这种认可转化为对行动党政府的政治支持。而要获得民众的认可，公共政策的传播就显得尤为重要。通过有效的传播，才能够获得广泛的理解。另一方面，虽然政策本身在国会通过不成问题，但是由于国会议员是由选民投票选举产生，如果一个政策处理得不好、粗枝大叶，即便很容易在国会通过，由于议员还需要面对各自选区选民的压力，因此还是会对政策的制定者和执行者提出各种批评，进而对政府造成一定的压力。

二、推行政策面对民众选票压力

目前，新加坡国会（2011年大选选出）共有87名民选议员（Constituency Member of Parliament）、3名非选区议员（Non-Constituency Member of Parliament）以及9名官委议员（Nominated Member of Parliament）。由于人民行动党长期主宰国会，为满足选民希望国会里有一定的反对党声音，新加坡在1984年引入了非选区议员制度，在大选过后得票率最高但未当选的候选人可以担任非选区议员，在国会里拥有发言权，但没有投票权。官委议员由不同界别推荐代表，个人也可自荐，最终由国会特别特选委员会挑选产生，任期两年半。国会中最多可以有9位非选区议员与9位官委议员。

事关政权归属的大选一般每5年左右举行一次，在新加坡总理宣布解散国会后，新加坡各政党即开始进行下一届政府的大选，历经候选人介绍、选区提名、竞选期、冷静日、投票日的过程。新加坡规定大选实行简单多数当选制，即选区中取得最多选票的候选人获胜。如果是单选区，各政党只能派一位候选人角逐。集选区则需要按照选区的议席数量派相应的候选人，其中至少有一位必须是非华族的少数族裔（马来、印度或欧亚裔）。选民不能选举单一的候选人，而只能选举一组候选人。得票最高的一组候选人当选，共同进入国会，属于"选党不选人"的方式。人民行动党认为此举能够保证少数族裔的参政权，让这些族群也可以在国会中拥有自己的代表。

总体来看，新加坡执政党由于长期执政，积累了大量资源，同时实现了有效的治理，在实行全国一人一票的国会选举中，执政党的合法性和权力来自人民通过选举给予的授权，并且通过每5年一次的大选进行授权的更新。尽管行动党一党独大，但新加坡仍然是一个民主选举的政权。强势执政党仍然受到选民的监督和制约以及每5年一次的选举压力和考验。

这也使得行动党政府推行公共政策时，必须照顾到民众的感受以及政策的实际效果。否则，适得其反的政策将会令自身的政党付出政治代价。

第三节
新加坡公共政策流程

一、舆论关注焦点转移不利公共政策

黑格尔曾经认为，公共舆论是人民"表达他们意志和意见的无机方式"，而不是参与国家事务的一种途径。人民通过公共舆论表达对普遍事物的主观意见，以引起人们的重视，但是是否能够引起重视，并不取决于人民或公共舆论本身，因为在立法者看来，"公共舆论又值得重视，又不值一顾"[①]。

但是在现今的社会环境下，从执政者的角度看，公众舆论是柄双刃剑。如果操作得当、主动策划，或是意外之喜、歪打正着，继而获得公共舆论的支持，政策推行将会事半功倍；而如果未能获得公共舆论的有效支持，轻则影响公共政策的实施与执行，重则激发选民的反对意志，付出惨痛政治代价。因此，在选民意志越来越能够通过选举制度和投票方式表达出来的政治制度，以及

---
① 黑格尔《法哲学原理》，范扬、张企泰译，北京：商务印书馆，1961 年，第 334 页。

拥有充分自由传播空间的新媒体环境下，没有哪个执政团队还会置公共舆论于不顾。

新加坡政府曾经领教过公共舆论对政策关注的焦点转移之后，给政策推行带来的额外障碍。

2007年时，新加坡宣布每年将花费7亿新元，为所有的公积金会员支付多一个百分点的利息，而公积金特别户头、保健储蓄户头及退休户头的利率，都改为与长期债券利率挂钩，还发出红利来鼓励人们延迟提取公积金最低存款，并让低薪的年长工人享有更多的就业奖励花红。根据新加坡政府的解释，这一系列全方位改革，目的是协助新加坡人，特别是中低收入者累积更多储蓄，以保障晚年生活需要，并鼓励年长者以积极心态面对工作。[1]

为应对人口迅速老龄化的严峻挑战，李显龙总理在2007年国庆群众大会演讲上专门深谈了这一课题，并在此之后，陆续宣布了许多相关的政策。包括对中央公积金制度的改革、延长工作年龄、实行住院支付能力调查，以及进一步推动终身学习与培训等措施，都一一出台。

在那段时间里，几乎每隔不久，不同的政府部门或政府委任的委员会就会有新的政策宣布，各政策的细节之繁杂，别说是适应，单是要人们消化都有难度。因为同样是围绕人口老龄化的主题，这些政策其实是环环相扣、紧密相连，但由于过分密集，人们理解起来不那么容易。而政策的传播策略忽略了受众的消化能力，许多民众的注意力被政府同时宣布的探讨强制人民购买"长

---

[1] 周殊钦、洪艺菁《政策尽管好 包装不可少》，载《联合早报》，2008年5月10日。

寿年金"的计划给分散了，并对"强制"二字极为敏感。根据一些调查反映，问题的关键在于，那一时期，政府还同时宣布了许多政策，导致民众一时"消化不良"，备感压力重重，反而容易促使公共政策的舆论焦点转移到大家容易理解的"强制购买年金"上，继而形成对政策不满的声音。

前面所述的2007年时宣布的一系列全方位改革措施，这样的政策，经过公务员的详细计算和策划，细节消化起来还是会显得复杂，但是其中的善意是非常明显的，公众虽然不完全明白，基本上会来者不拒，但对"强制"二字极为敏感，结果激起了反弹。以往新加坡政府推出许多政策时，都会先征询民意才宣布，年金计划也不例外。不过，由于公积金制度的改革环环相扣，政府因此选择同时宣布这些政策，之后再征询民意，对政策进行相关调整。遭遇反弹之后，政府迅速收集反馈，最终提出具有灵活性的计划和选项，让人们可以享有符合自身需要的年金。经过一再地解释、对话和宣传，人们才普遍接受了这个政策。

二、既要沟通，也要包装

沟通与包装，是公共政策传播的两个重要因素。沟通的目的在于让受众更全面地了解政策制定的来龙去脉、前因后果，从而站在理解、支持的角度接受政策。对政策制定者来说，不能够简单地将理解种种政策、消化具体细节的责任全由民众承担，想当然地认为自身制定的政策都可以被理解和接受。很显然,在沟通政策上,政府必须扮演一个称职的"推销员"角色,以最易于让人们消化的方式进行解释和说明。新加坡政府越来越意识到,如果制定的政策无法被民众理解,即便是着眼于长远的远见规划,仍然会在短期的政治评估上,遭到民众的选票压力,继而在政治上承担一定的代价。

要想政策获得良好的传播效果,必须要知己知彼,政府需要说明自身的政策依据,同时也需要了解民众的具体想法和可能的反应。这一责任,决策者理所当然需要承担,政治人物如内阁成员,或是议员、公务员、基层领袖,需要通过不同的平台走入人群,去直接聆听他们的想法,去了解他们关注的课题,或者领会他们看待问题的立场。

在包装政策方面,同样需要有意识地规划、策划,突出政策的最大利益或是最密切相关的部分,同时对一些可能引起误解、误读、误判的元素,要么预先清晰地加以说明,防患于未然,要么就技巧性地突出民众最为关心、最容易引起讨论和热议的一面,避免其他无关紧要的议题喧宾夺主、节外生枝。

新加坡的公共政策的特点之一是精细化,不同年龄、不同收入、不同居住标准的民众,都可能因为政策的细化而受到不同的影响。这样的政策规划方式,优势是政府可以最大化地实现政策主张,并对个体最大化地细致到位。但是缺点是庞大复杂的政策架构,不大容易被普通民众所消化和理解。如果连对政策非常关注和有机会详细阅读的人都难记牢政策的细节,一般老百姓就更不用说了。新加坡总理李显龙在多年前的一次媒体访谈中，就看出这个问题，他说道："如果我们进行一项考试，考人们对政策细节的认识，我看新闻工作者和执政党议员也未必会及格。"因此，政策的沟通与包装就显得格外重要。

三、保护公务员免受政治上的干预

在新加坡，主要的公共政策是由总理、副总理等政治领导人、具体职能部门的部长以及内阁全体成员来制定。执政党得以组织内阁，是因为该党在全国大选中赢得超过一半国会议席而获得执政权，因此，从本质上说，执政党管理的政府必须为整体政策获得政治上和选民的支持而负责，具体到部门，各部门的部长对于决定、批准、更改相关的公共政策承担最终责任，部门公务员系统的最高领导者即每个部门的常任秘书需要向部长报告。政治人物具备合法的政治权力，同时也为公共政策的实施与变革配置相关的资源。

新加坡多年来如何一直拥有一个良好和强大的政府？新加坡总理李显龙多年前在政府行政服务官员的一个晚宴上讲话时称，新加坡政府维持廉洁高效，能够推行良好的政策，答案在于政治，尤其是新加坡的独特政治模式。这促使人民能为实现共同的目标而保持团结，也了解政府的施政目的，给予政府强有力的授权，并和政府合作。而政府也做出强有力的承诺，为国家谋求长期的利益。

在制定和执行公共政策时，"新加坡政府一直都在保护公务员免受政治上的干预，也给予他们政治上的支持，以落实健全的政策。在政治上，这让公务员有空间去为问题找出理性和有效的解决方案。公务员得以在这样的条件下成长，政府又能让健全的政策、好政府及坚定的政治支持三者之间进行良性循环"。

许多国家都很羡慕新加坡能够放长线去推行理性的政策，为国家奠定重要的基石，然后有系统地更新过时的政策。李显龙甚至如此形容公务员的环境："在新加坡，行政官员们几乎能够如同在实验室的条件下执行公共政策。"

李显龙也提醒公务员，当他们协助制定政策时，必须考虑对政治的影响，也要对所处理的政策问题保持政治敏感性。而政治领导人也必须把经济和社会所面临的困难和残酷现实放到台面上让人民去辩论，以从中达成共识，然后找出理性的解决办法和最佳的前进路线。因此，"新加坡的最终政策是部长们和公务员之间来回反复商榷讨论多次的结果，所取得的结果既实现政治目标，又解决实际问题。对于处理公共住屋或陆路交通政策的官员来说，这一点尤其显著"。为此，政府也派行政官员去参加国会议员会见选民的活动，让他们亲眼观察政策对人民的影响。

与此同时，李显龙也强调，尽管行政官员对所处理的问题要保持政治敏感性，但就其本身而言毕竟不是政治家。"你不用进行这样的政治判断，是否要继续执行一项政策，你也不必说服公众来支持它，那是部长们的职责，最终是内阁的职责。在向部长提出意见时，公务员绝不能失去自己的专业客观性，或者去揣测部长的想法，然后提出你们认为他在政治上容易应付的建议。一旦这么做，将失去你们的价值，我们的制度也将失去完整性"。

因此，"行政官员必须同广大的民众接触，也要跟政府各部门以及政府以外的伙伴合作，并跟媒体保持联系以及了解民众的想法"。公务员不能只会利用电脑打报告和发电邮，而是应当到民间去看看那些受政策影响的民众，听取他们的意见，跟他们进行交流，然后把意见反映给政府领导层。[1]

四、利益相关者和公众的事先参与

公共政策一旦制定并发布，将进入执行阶段。在发布和执行的过程中，有可能需要针对社会整体、局部或特殊阶层对政策的反应和反馈而对政策做出相应的调整或修正。这些不同方式呈现的对政策的看法及反应，有些可能是预料之中，已经在执行预案中考虑到的；有些可能是预料之外的，包括意外之喜；有些可能是政策制定者希望看到的结果或场面；有些则可能出现完全没有想到的极端的不利局面。

公共政策的传播方式和手法，将在某种程度上决定政策执行会造成什么样的影响。对于那些虽然不令人愉快但是仍属于预案意料之中的社会反应，可以通过传播方式的调整达到改善的结果，

[1] 新加坡总理李显龙在政府行政服务官员晚宴上讲话全文，2005年3月24日，新加坡公共服务署网站，http://app.psd.gov.sg/data/SpeechatAdminServiceDinner2005final.pdf

让政策更容易被民众接受，降低可能的抵触心理；也有可能需要针对传播过程中获得的反馈，对原有的政策进行微调。

与此同时，公共政策的发布或执行，往往也会出现意想不到而反响强烈的负面结果。这种情况的出现，有可能与政策的传播方式有关，有可能与政治人物或政策发布者的表达效果有关，民众对此的反应方式包括直接询问、反馈乃至质疑、批评，或是借助媒体表达不满，以及通过互联网或社交媒体强烈抨击，产生发酵效应。这种结果因为无法预料，也难以控制，因此当能量不断积累，就可能在引起当局注意和重视的同时，也已经对政策本身的执行造成伤害，从而需要更高的政策说明和传播技巧，甚至需要对政策本身进行重大调整和改变。

如果某一项政策可能会对公共利益产生影响，而政府又需要得到受影响对象的理解和支持，新加坡政府经常采取的一种方式是组成一个委员会，成员来自可能受政策影响或者与相关政策具有一定利益关系的机构或团体、社团、业界，以及意见领袖等。这样的委员会是由政府负责委任成立，主席通常是由具有声望、经验丰富的专业人士、企业家、商界领袖或公共团体领袖出任，也包括前高级公务员或前政治人物。他们负责对相关政策进行研究，提出政策建议，政府部门则对最终形成的建议书采取全面接受、部分接受、修改后接受等多种处理方式。

在委员会进行收集意见反馈、综合各方观点的过程中，利益相关者会参与表达意见，对政策可能产生的变化或新的政策能够有所准备，也不会在事后形成批评意见，在各种意见和建议的交流与交锋中，政策制定者能够尽可能地顾及社会绝大多数人的利益，公众也有充分的时间和心理准备来接受即将到来的政策变化，从而对这一政策本身进行支持，或者至少不至于制造强烈的反对声浪。

因此，公共政策在制定之前的公众咨询和利益相关者的参与，包括与有影响力的舆论制造者进行对话协商，能够为后期的政策传播奠定有效的基础，尤其是在新一代的公民更有参与意识、要求和期望值更高、更可以畅所欲言的情况下，让他们形成已经主动参与了社会治理和政策制定过程的印象，是非常重要的。

五、公共政策传播重要性的不同阶段

公共政策的传播，在新加坡政府治理和公共服务的不同阶段，所处的地位和重要性也有所差异。从1965年独立，至20世纪70年代，这期间，新加坡面临基本的生存挑战，就业、教育、住房、交通、国防等都属于紧迫建设的领域。为尽快使政策生效，达到经济快速增长的目的，李光耀领导的政府对于公共政策的传播，主要目的在于让民众知晓，但是事先的咨询参与和事后的精细传播，以及及时根据民众的意见、反馈进行调整，则不是主要考虑的因素。

20世纪90年代，吴作栋等第二代领导人接班施政，政治过渡同样意味着政治治理方式的改变和调整，"协商式"的执政风格带动政策设计与实施方法的修改，以依赖传统媒体平台和实际的人际互动为主的公共政策传播与民众的反馈互动关系日趋密切。

2004年之后，李显龙作为新加坡第三代领导人接班，随着互联网平台和自媒体的兴起，公众对于公共政策的参与要求不断增加，表达平台愈加多元，公共政策的传播策略成功与否直接影响到政策的实施效果或政府的政治代价的大小，虚拟空间的议论和评价有可能形成声势，甚至发挥巨大的动员能力，影响政策被接受的程度，从而推动政策的进一步修改、调整甚至终止。因此，新加坡政府对于公共政策的传播策略、方式、节奏有了更多预案和相应的准备，甚至在组织架构上，设立全新的职位来把握互联网时代的公共政策传播。

从执政者的角度看，公共政策在政策问题形成、议程建构、具体方案的调整与修正、政策的执行与监督、效果评价与反馈等不同阶段，都在不同程度上与传播媒体产生互动，因此，需要从全面宏观的角度，考虑这些阶段的传播策略。

要想达到"善治"的效果，推动政策的良好实施，当政者就必须思考如何借助传播媒体的舆论影响力，通过善用媒体平台，实现有效互动，促进政策的完善及顺利执行，继而取得更好的政治支持。

有学者将传播媒体列为"政策过程的行动主体"之一，"大众媒体是国家和社会之间的关键连接，这一角色使得他们能够强烈影响着政府和社会在公共问题及其解决方案方面的偏好。但与此同时，他们在政策过程中的作用又是零散的……他们是消极报道者和积极分析者角色的结合，同时又是解决方案的鼓吹者。新闻节目不仅仅是报道问题，而且经常竭尽全力探究问题的其他方面，勾画出问题的性质和范围，有时还会提出解决方案的建议。因此，大众媒体在议程设定中的角色是具有特殊重要意义的"。[1]

六、公共政策的"试探"传播策略

对于某些特定的政策，如果政府并不能完全确定公众会有怎么样的反应，也不愿意贸然实施，或是希望让公众具有一定的心理准备和预期，新加坡政府往往会借助媒体的公共传播功能，进行"试探性"的传播，以检视公众的反应。同时，由于"放风者"为政府部门的首长——部长或政务部长，以"正在探讨可能性"的方式对媒体介绍，将初步的政策意向和构思方向通过公共传媒平台推向社会公众。媒体提供的政策参与手段可以让决策者及时了解公众就此课题的利益要求，掌握社会不同群体对于政策满意或不满的症结所在，因此在媒体报道之后，政府可以借此收集舆论和民间的反应，在此基础上或调整尚未公布的政策细节，或坚定发布政策的信心，甚至如果遭遇强烈反弹而这些反弹意见有其合理性，政府同样可以改弦更张，甚至收回成议，试探的作用正在于此，进可攻、退可守，并且不会产生不必要的政治代价。

民意的收集包括基层组织收集、政府部门与民众直接对话以

---

[1] 迈克尔·豪利特 M.拉米仕《公共政策研究：政策循环与政策子系统》，庞诗等译，北京：生活·读书·新知三联书店，2006，第102页。

及通过不同的媒介平台等。作为公民，由于背景、收入、教育程度、价值观念、利益趋向等方面的差异，在特定政策议题上，很容易出现以个体为依归、分散而模糊甚至情绪化的表达，通过基层组织或直接对话的途径收集的民众意见，就可以达到让政府部门充分了解民间存在的各种各样的意见甚至极端观点的目的。通过公共媒体平台收集的民意更为重要，主要在于媒体内部的编辑生产机制，能够有效地将各种不同的个体意见进行综合与归纳，并结合媒体自身对社会现象的认知，判断其中的代表性和普遍性，删除偏激成分，将收集到的个体民意转化成为一种带有一定代表价值的观念或说法，继而形成对决策者的某种政策要求。

在新加坡政府的观念中，公共部门的治理就是"政府和社会中的其他利益相关者一起，运用其权力和影响力去提升社会的公共福利和国家长远利益的方式"。[①]由于国土面积狭小、自然资源匮乏、人口规模有限，新加坡的现实国情决定了公共部门的治理策略，即通过政府主导治理以实现经济的发展。

只要与新加坡的长远发展目标相符合，无论来自何种制度，不管是殖民政府遗留下来或是其他国家正在实施的，新加坡政府都会加以采用，高度理性、去意识形态、注重实用，这就是新加坡的公共治理原则。选择或放弃某种解决方案的判断标准就是看是否符合新加坡长远战略目标，哪怕在当时并非属于政治上最有

---

① Andrew Tan 等行政官员起草的专题报告（2004），"Principles of Governance: Preserving our Fundamentals, Preparing for the future"，转引自梁文松、曾玉凤著，陈晔等译《动态治理：新加坡政府的经验》，北京：中信出版社，2010，第35页。

利或是公众接受度最高的，新加坡政府都会坚持去做。当然，在这样的情况下，就提高了公共政策的传播与沟通的难度。

1965年新加坡独立后成长起来的新一代新加坡人已经和上一代的期待值相距甚远，对信息、对权威、对政府与民众的关系、表达空间、参与公共政策都有不一样的方式，也因此对新加坡政府部门的政策制定过程、决策方式和发布渠道提出了新的需求。由此而产生的需求，又将导致新加坡政府部门必须相应地调整和改变思维模式、治理方式和原则、政策制定及问题解决过程。

与早期政策决策过程相对更为直截了当、更为明晰也更为果断相比，2000年之后，新加坡社会日益复杂的社会问题和经济规划需要对政策的选择、判断、决策以及产生的影响进行更为细致和多重的评估。一方面是新加坡基于全球化以及国际化的城市国家定位，必须对外部环境、公共政策的影响做出复杂而艰巨的评判；另一方面是国内民情、社会组成、问题演变的复杂性日益增加，新加坡政府逐渐发现，单单依赖某一个政府部门，很难解决和妥善处理，因此需要跨部门、跨机构的综合解决方案，从而进一步增加了公共政策制定和决策过程以及传播过程的难度。

20世纪80年代是新加坡经济起飞的年代，基本上是由政府部门和机构负责实施所有的经济规划、战略决策和社会问题解决策略。但随着经济领域日益需要包含更多的利益相关者，比如工商界代表、工会领袖，政策制定者必须倾听非政府内部的专业人士的意见，从而获得更有效的政策。从经济领域的政策延伸到政治和社会、文化领域，公共政策的制定者也必须包含更多的利益相关者，包括公民团体、非政府组织、意见领袖，否则很容易在公共舆论和政策的传播过程中遭遇到意想不到的反响，造成被动局面。

新加坡早期民众在严刑峻法、专注发展的社会发展轨道中，相对形成了顺从、温和、尊重权威，并认同行动党政府以追求经济发展为政策重心的国民性格，随着教育水平的不断提高、社会意识的不断增强、权利概念的不断深化、富裕程度的不断上升，民众期望有更高程度的政治开放和社会开明。对于"经济发展是硬道理"，民众发现经济发展并不是解决所有问题的灵丹妙药，并开始更多地质疑是否有必要为经济增长牺牲公平以及对弱势群体的照顾。在这种变化面前，公共政策的合理性、有效性、公平性都会受到民众的检验与质疑，继而为政府部门的公共政策传播带来挑战。

新加坡政府历来以务实主义、实用主义闻名，而不是建立在意识形态层面的考量，因此最为注重政策的有效性及其实施后的效果。由于并非基于意识形态基础而制定政策，政治领导人的注意力得以集中于国家治理课题，并可以不必完全受短期政治影响去制定长远政策，规划长远利益。长期执政的现实和未来可能继续执政的预期，有助于行动党政府继续在理性的基础上进行决策的政治判断，而与执政党平行的公共服务系统也没有因为执政党和政治人物更换而需要调整适应的压力，同样可以从长远的角度、以理性的基础而非纯粹政治性的基础去考虑问题。当然，政治影响尤其是以选举制度为基础的政府运作，还是会使公共部门和公务员在执行政策的过程中具有政治影响的意识。不过，在新加坡，公共服务系统仍然能够做到不以政治考虑为绝对基础进行运作和履行职能。

因此，在决策过程中不需要或没有被意识形态所制约，这对新加坡政府部门来说，已经成为与其他一些国家相比时的一个特殊优势。决策者或公共服务部门能够采取理性的立场去评估所有的可能或备选方案，按照这些方案的价值来决定如何选择。

公共政策在向民众传播和说明的过程中，民众自然而然地会基于自身利益进行实际评估，并且在符合自身利益与否上做出对政府的支持或反对的判断。与此同时，长期以来，对于新加坡公共政策基于理性和长远考虑的认知，也使民众在衡量、评估公共政策时，能够理解相关政策的背景与用意，尽可能地从长远角度来考虑和接受。这是新加坡公共政策在传播时的有利说服因素。

政策制定和政策实施是实现治理的平台，再精心策划、深思熟虑的政策，仍然需要在实施、落实和执行的阶段加以检验，才能够确保政府治理的有效实现。在这个过程中，公共政策如何传播？以什么方式或手段传播？以什么姿态发布或说明政策？突出或强调政策的哪些要点？如何找准民众的关注点？如何借助和发挥不同媒体传播平台的特性与差异？这些需要考量的因素将直接或间接地影响民众对公共政策的接受和理解程度、反对或支持的声量大小，从而决定公共政策能否有效地实现，并转化为对政府的理解与支持。

第四节
"政策营销"的制度建设：新闻官制度

一、新闻官负责"政策营销"

政策从酝酿、形成到议程确立、发布实施，其中大致包括两种途径：一是经由政府职能部门的组织体系，也就是公共服务系统的公务员对社会议题和相关信息进行独立性的分析与处理，继而提出政策的具体方案，决策主要在政府内部进行；二是公众充分参与，通过媒体、公共舆论平台或公开对话等方式，吸纳公众意见以辅助政府制定政策。根据不同的需要，政府部门可能两种途径结合进行，并有所侧重。

无论采用何种途径，公共政策都需要最终和民众见面，并争取最大程度的认可与支持。如何说明、表达政策？采用何种策略？时机如何把握？如何向政治人物提出合适的建议和平台？就需要从机制上和制度上，由专业团队进行设计与构思，并以有效的方式不断接触社会和民意，以最恰当的策略传播公共政策。

新加坡政府推出的是整体政府（Whole of Government, WOG）公共传播的理念。每一个政府部门无法单独存在，公众视角里的每一个政府部门都体现新加坡政府整体的施政表现，因此，从公共政策的传播角度，也必须建立一个整体的概念。

主导公共传播的是新加坡通讯及新闻部（Ministry of Communications and Information）。该部在论述自身在公共传播中的角色时说："随着公众教育程度不断提高，对全球视角接触越来越多，公众对政府的期待值也在提高。越来越多的人希望在政策的制定中有更大的发言权。他们有不同的利益，我们再也不能按照单一的'公众民意'来思考政策，因为存在不同的'公众'。对于政府沟通者的挑战是有效地接触到不同的目标受众，并设法接近这些多元化的思想。

"由于跨部门的议题将越来越多，从事公众沟通的公务员必须借助传统和社交媒体，采取综合的、多机构以及多管齐下的方式。通讯及新闻部在打造'整体政府'沟通方面扮演重要的角色。这意味着我们必须能够解释问题，形成意见，为给新加坡和新加坡人民带来利益的方案争取支持。这也意味着需要加大公众沟通的努力，解释政策决定背后的理由和局限。期望的结果是建立一个有凝聚力、有连接力和强大的新加坡，让民众愿意走到一起，打造共同的目标"。①

在协助政府部门推广公共政策的组织架构中，新加坡政府设立了一个特殊职位——新闻官（Information Officer），隶属通讯及新闻部，除了在通讯及新闻部这一"中央传播神经中枢"内担任职务外，也将被委派到不同的政府部门。

新闻官的资质通常都要与传播专业有关，毕业自传播专业或政治科学专业的大学毕业生比较受欢迎，从其他职位转行者则需

---

① "MCI's Role in Public Communications"，http://www.mci.gov.sg/content/mci_corp/web/mci/publiccomms/mica_s_role_in_publiccommunications.html.

要至少有 5 年在公关、媒体关系、广播、营销或新闻方面的工作经验。个人才能方面，新闻官也要具有以下能力：

"具有较强的文字与口头沟通能力，要以人为本，有能力培养人际关系和网络；政治上敏锐，处理复杂问题时能够看到全景，对时事、政治、社会问题和新媒体有浓厚的兴趣，解决问题时能够乐于采取创意途径，制定和发展策略，让政府政策能够与公众以及更广的全球社会进行有效沟通。参与公众咨询，以了解基层民意，公众看法和印象、观点。培养与本地和外国媒体记者的网络与关系。与本地和外国媒体密切联系，让他们随时了解政府的最新政策和决定。制定并实施建国战略，当国家遭遇危机时将所有新加坡人团结在一起。通过多种渠道、出版物和网络平台，提升外国舆论对新加坡作为文化与商业的全球化城市的印象。"[1]

根据 2014 年 3 月新加坡通讯及新闻部招聘新闻官的广告[2]，对新闻官的角色和任务具体定位如下："新加坡政府的信息服务是富有挑战性的职业，作为政府的专业沟通人士，新闻官的角色是协助政府在越来越具挑战性的传播环境中将政策传达给公众。作为信息服务的一分子，新闻官将参与一系列的公共传播工作，包括战略沟通、制订和执行整体政府层面的传播计划，以及媒体管理和公众咨询。新闻官也将参与制定电子化公共参与政策，充分利用新技术以更好地接触公众。

"新闻官一旦求职成功，将服务于通讯及新闻部或被调派到

---

[1] http://www.mci.gov.sg/content/mci_corp/web/mci/careers/scholarship.html.
[2] http://careers-gov-jobs.jobstreet.com.sg.

其他政府机关的传播部门工作。"

那么，申请成为新闻官，需要具备什么样的条件？

招聘广告中如此要求："大学学位，最好是政治科学、传播学或相关领域；至少在公共关系、传播或新闻及相关领域具有两年的工作经验；具有高度的社会与政治敏感度，较强的人际交往与写作能力以及领导能力；有能力应付多重任务及良好的项目管理能力；对公共传播、新媒体以及时事抱有强烈的兴趣；熟练掌握新媒体工具、平台和趋势将获优先考虑。"

除了公开招聘之外，为了吸引人才，新加坡新闻、通讯及艺术部（当时的名称）2008年开始首次颁发新闻官奖学金，当年共有6人获得，体现出新加坡政府愈加重视新闻管理，着手为新闻官这个领域扩大人才库，并建造一个稳定的输入管道。新闻官奖学金得主可以在新加坡本地大学或美国、英国、澳大利亚以及中国的顶尖大学留学。学业结束后，本地奖学金得主需要服务4年，在中国大学留学者则须服务5年，在美、英、澳三国留学者则须服务6年。新加坡公民或准备申请公民权的永久居民都可以申请。

在开始颁发奖学金的2008年，新闻官总数达到105名，其中有34人在16个其他政府部门从事公关工作，包括参与传播管理，为主要的国内事务进行宣传，以及在政策制定前后与公众沟通等。[①]其他政府部门对于新闻官的需求量也在不断增加，在与民众沟通时，新闻官的角色越来越重要，以便能用更好的方式向公众解释政府所做的事情。

[①]《新闻、通讯及艺术部首次颁发　六人获新闻官奖金》，载《联合早报》，2008年8月6日。

年轻的新闻官一般首先在通讯及新闻部工作，接受正式的专业培训和在职培训，并在部里的不同部门和机构轮换体验，或者在其他政府部门机构的传播部工作。经验丰富的新闻官则有机会被派到这些政府机构负责传播的部门，或是担任部长的新闻秘书。

二、"整体政府"的传播策略

除了新闻官作为政府内部负责沟通传播的专业人士，公务员在制定政策时就已经需要直接了解民情，才可以准确而富有针对性地制定政策，否则所谓的公共政策将成为无本之木，或者华而不实，或者脱离现实，甚至激起反弹。接触民意、了解社会的方式有许多种，其中一个重要的渠道就是媒体，公务员要善于通过媒体了解传播规律，才能够在政策的吸纳、思考、制定、实施的不同环节中将传播的功能发挥到充分的水平。

作为主导传播、协助制定政府传播策略的通讯及新闻部，该部部长雅国2011年就在国会里宣布，政府认为社交媒体是个直接与公众及利益组织沟通的宝贵平台，需要提高公务员对社交媒体的认识及运用能力，加强政府与国人的沟通。除了投入资源来增强公务员使用社交媒体的能力，该部也将不同政府部门的社交媒体使用者组织起来，以在公共部门分享如何善用互联网和社交媒体。因为新一代的新加坡人教育程度提高，更勇于发言，新加坡的年轻人喜欢使用社交媒体，希望呈现多元观点，新加坡政府必须与时俱进，沟通方式及风格都需改变。新闻通讯及艺术部将以"整体政府"的方式来使用不同平台加强与公众的沟通，并在制定新政策时广纳民意。①

目前，许多新加坡的政府部门已在广泛使用社交媒体，如脸谱（Facebook）、推特（Twitter）、博客及YouTube等。截至2012年年底，新加坡政府各部门设立了229个Facebook页面、92个YouTube频道、86个Twitter账户、20个博客，以及59个手机应用。开设的数量已经不少，但沟通的素质、效果要比所使用的平台多寡更为重要。社交媒体不仅是为了让用户拥有可轻易获取的即时内容及资讯，还包括它的社交功能，可以进行双向沟通，政府不同部门得以获得直接的民意反馈。

为了让更多新加坡人知道政府在使用哪些社交媒体，吸引更多人加入，通讯及新闻部还推出政府的社交媒体指南，方便新加坡民众查询想要联系的政府机构。

三、新闻秘书协调高层传播策略

除分布在各个政府部门的新闻官之外，新加坡重要的政治职务担任者，包括总理、副总理和各部的部长，都有专人担任新闻秘书的工作。

那么，新闻秘书的职责是什么？

---

① 《雅国，将提高公务员运用社交媒体能力》，载《联合早报》，2011年10月21日。

与一些西方国家领导人的新闻秘书职责类似,他首先是媒体与政治职务担任者打交道的首要渠道,扮演媒体专访联系、安排、内容协调、沟通的角色。

他同时也是发言人,对外发言、对媒体的正式询问做出回应,代表部长、副总理、总理向媒体发布对某一课题或政策的立场。比如对一些引起热议的社会议题的看法,必要时新闻秘书会向媒体发布声明。比如领导人出国访问,会谈结束之后,新闻秘书也会负责向外界提供官方版本的会谈介绍。

同时,新闻秘书也会参与部分政策的制定与讨论,并从传播的角度提供意见,如何将决策信息和政策准确而有效地传达给媒体和公众。他们将向官员提出处理媒体关系方面的建议,并预测媒体对公共政策的可能反应及提出对策。另一方面,对一些需要领导人对外公开演讲、致辞的文稿,新闻秘书也负责监督、协调、执笔或指导演讲稿的撰写,最终确保领导人的演讲既准确表达政策观点,同时又能够满足有效传播的要素。对一些重要的字眼,如可能引起公众的疑惑、误解或情绪,进行仔细推敲、斟酌,同样是新闻秘书重要的工作。

除对上承担顾问、咨询、执笔等工作外,新闻秘书还要负责组织部门内部的交流与信息沟通,并负责同部门的新闻发布相关工作,评估公共政策传播效果及优点、不足之处,定期进行新闻摘编和舆情分析,为上司提供外界的舆论及可能影响。此外,由于新加坡是一级政府,各部门的决策将产生联动效应,直接影响全国其他领域,各部门之间的政策协调就显得格外重要。在国会会议、每年一度的财政预算案公布、总理国庆群众大会演讲等一些重大事项之后，往往各部门都将进行相关的政策调整或改变的宣布，这时，各部门就需要就信息发布、政策公布的顺序和时间进行协调，避免过度集中而撞车，影响政策的传播效果。比如，新加坡总理每年都会在8月的国庆月举行群众大会演讲，这是新加坡最重要的年度政治演讲（本书在后面的章节将详细介绍），阐述总理对国家政策、社会走向、民间议题等方方面面的看法，之后各相关部门就会逐一针对政策调整进行宣布。因此尤其需要事先协调，避免新闻冲突，大家争着"抢头条"，反而削弱了政策的传播效果。

为进一步提升公共政策的传播效果，新加坡政府还专门在2013年设立了首席公共沟通司长的新职，负责领导约180名遍布政府部门和法定机构的信息服务官，加强政府的公共沟通网络。职责包括协调公共传播、开发新能力，为各阶层的公众量身定制不同的信息呈现方式。首席公共沟通司长及团队还需要协助政府延伸网上的触角，让政府的视频和录音片段可以在互联网广泛流传。

作为领导人的新闻秘书，要具备什么样的素质？

吴作栋担任新加坡总理期间，王景荣曾担任他的新闻秘书。王景荣在离职就任东盟（亚细安）秘书长之时，接受《联合早报》专访，这份报道这么介绍王景荣："在传媒圈子里，只要提起吴作栋总理的新闻秘书王景荣，认识他的记者脸上都会泛起笑容。他是极具亲和力的新闻秘书，吴总理出席的场合，他总会在总理抵达前十分钟到场。只要是他见过面的记者，都能叫得出他们的名字。有记者形容他就像是一只'可爱的巨型玩具熊'。"

随同吴作栋出国访问期间,作为新闻秘书的王景荣会通知协调记者的采访安排,"若有空档,他也喜欢和记者聊天,用他生动的语言,'有限度'地让记者分享一些有趣的'内幕'消息,让记者紧绷的神经松弛不少"。

王景荣在担任吴作栋总理的新闻秘书之前是外交部的高级外交官,先后在新加坡驻沙特阿拉伯、马来西亚、美国和印度的大使馆或最高专员公署任职,也担任过大使。他也曾担任新加坡外交部长的新闻秘书兼外交部发言人。

根据这份专访介绍的信息,王景荣从1998年起担任吴作栋的新闻秘书。在处理关于吴作栋的传播事务时,王景荣采取传统和保守的作风。"他是一国总理,即使他不挑剔,我们也应该把事情做到最好。总理是一位很愿意通融别人的人,即使再忙,也会尽量接受别人的邀请。有时我们得找理由帮他挪后一些活动。"

一些新闻官喜欢操纵政治人物的言谈举止,以图塑造更完美的公众形象,王景荣对此却有不同的看法。"我们希望让总理表达出他的真性情,所以不会安排他做一些不符合他性格的举动。"[1]

---

[1]《总理新闻秘书王景荣专访》,载《联合早报》,2002年12月16日。

新加坡
公共政策传播策略

第二章
舆论关系：媒体组织与传播架构

"新加坡报章不能因为其他国家的新闻机构采纳了对抗性的角色而这样做。这不等于说我要新加坡报章成为政府的喉舌。""你们对新加坡人的最佳服务，就是准确地报道、清楚地分析，以及从新加坡人的角度、为新加坡人明智地诠释事件与事态的发展；澄清问题，清楚地说明各项选择，因为在这个复杂的世界里，每一个解决方案都要付出代价。"

——新加坡时任总理吴作栋谈报纸与政府关系，1995年。

第一节
新加坡媒体发展状况

一、新加坡媒体业的基本状况

根据新加坡媒体发展局的分类,新加坡媒体行业包括7个领域,分别为:动画、广播、电影、游戏、互动数码媒体、音乐,以及出版。到2011年,媒体行业从业人员为74,100人。[1]其中出版业超过650个机构,出版包括书籍、杂志、报纸等。

但是,从事新闻传播、媒体经营业务的主要集中在两大新闻传播集团,分别是新加坡报业控股有限公司(简称新加坡报业控股,Singapore Press Holdings)和新加坡传媒集团(简称新传媒)。

在第一级股市上市的新加坡报业控股成立于1984年,是东南亚顶尖的媒体机构,以英文、华文、马来文、泰米尔文四种官方语言在新加坡出版19份报章,其中9份为日报。享誉区域的英文《海峡时报》和华文《联合早报》是最主要的两份旗舰报纸。

---
[1] 参见新加坡媒体发展局网站,http://www.mda.gov.sg。

新加坡平均每天有305万人，或76%的15岁以上人口阅读报业控股旗下的新闻刊物。报业控股也在新加坡和区域市场出版并发行超100份不同类型的杂志期刊，内容从日常生活到科技讯息，涵盖广泛，满足不同类别读者的口味。

除了印刷出版业务，报业控股旗下报章的新闻网站平均每个月的页面浏览量超过4亿，独立浏览访客超过2000万。除了联合早报网、海峡时报网等报纸的新闻网站之外，报业控股网络业务还包括综合门户亚洲网，提供线上产品、服务和求职信息的网络平台"ST701"搜索引擎、分别提供求职、房产、汽车交易和分类广告新闻的网站STJobs、STProperty、STCars和STClassifieds。以及社交媒体网站"Stomp"、双语新闻和互动网站"omy"及提供免费互动网络电视服务及随需录像服务的RazorTV等。

广播电视方面，报业控股拥有新传媒电视公司20%股权，经营新加坡免费电视第5、8和优频道。报业控股在新传媒出版也拥有40%的股权，出版新加坡免费英文报《今日报》。此外，报业控股拥有自己的中文电台UFM 100.3和两家英文电台Kiss 92、HOT FM 91.3。

新传媒集团的业务同样多元化，遍及电视、广播、报纸、杂志、电影、数码和户外媒体，也是全面的媒体平台。

从1936年开始的广播业务，到1963年首次播放电视节目，以及现今的跨媒体经营平台，新传媒目前拥有超过50种横跨四种主要语言：英语、华语、马来语和泰米尔语的品牌及产品。

新传媒的数码经营除了网上电视点播与高清电视，还有网上分类广告以及互动电视服务。新传媒在亚洲区域也会通过联合摄制娱乐节目及电影、杂志发行等，将触角伸展到国外。英语新闻台、亚洲新闻台，目前也已经在多个国家落地，成为新加坡声音的窗口之一。

新传媒共有7个电视频道，分别为8频道、优频道、5频道、朝阳频道（Suria）、春天频道（Vasantham）、亚洲新闻台和奥多频道（OKTO）。其中8频道、5频道、朝阳频道和春天频道为高清播出，亚洲新闻台、优频道和奥多频道将在2016年之前提升到高清。

这7个频道的设立，充分体现了新加坡多元社会和族群的特征，服务不同的族群和观众。

8频道是全天候播放新闻与娱乐节目的华语频道，以本地制作与海外节目吸引观众。在新加坡电视频道中，8频道是最多人观赏的频道。另一个华语电视优频道主要定位为迎合专业人士和网络时代年轻人的需求，提供具有创意的本地制作以及本区域最受欢迎的节目。

5频道是英语频道，播放适合全家观赏的娱乐及生活时尚节目，包括海外得奖作品及电影。

亚洲新闻台是新加坡唯一具有区域影响力的电视新闻频道，为英语观众提供最新的世界动态、新闻与时事节目。

奥多频道是为儿童、青少年与喜爱纪录片、艺术以及生活时尚节目的人士而设的频道。除了播放儿童节目和年轻一代所喜爱的节目外，奥多频道也满足本地艺术爱好者的需要，播放艺术节目。除此之外，观众自己录制的短片也能通过该频道播出。

朝阳频道是马来语电视频道，主要为新加坡马来族群服务，所选播的节目充分体现了新加坡马来族群的生活。

春天频道是以播放泰米尔语和宝莱坞电影为主的频道，服务新加坡印度族群。

新传媒拥有13家电台，包括新闻、资讯以及生活、音乐等，同样包括英语、华语、马来语和泰米尔语四种语言。

新传媒也出版英文《今日报》和多份期刊。《今日报》为综合性日报，走免费报模式，免费派发给公众，以对热门课题的评论见长。

不难发现，新加坡电视和电台频道的设置，除了满足不同族群的文化需求之外，也能够在必要的时候，既以共同语言英语平台向所有民众发布和传播政策，也以各族群习惯的语言媒体介绍和传播公共政策，并能够通过不同的侧重点，突出不同族群关注的课题和政策的层面。

新加坡的媒体对新加坡公众具有深厚的影响力，因此是重要的政策传播平台。根据2013年11月尼尔森（Nielsen）媒体调查公司公布的调查报告，英文《海峡时报》是最受欢迎的新加坡报章，以33.6%的渗透率居冠，虽然报章的渗透率下滑，但其电子报的渗透率却有所增长，协助稳定了该报的整体渗透率。这份报告是尼尔森媒体调查公司从2012年7月至2013年6月访问4073名满15岁的新加坡公民或永久居民，按年龄、性别和种族分布以代表409万人，从而总结出的媒体使用报告。

《联合早报》与英文免费报《今日报》两者结合纸媒以及电

子版的渗透率极为接近，《联合早报》的渗透率为14.4%，读者人数达591,000人；《今日报》的渗透率则为14.3%，读者人数585,000人。

新加坡报业控股旗下的两份晚间华文报《新明日报》和《联合晚报》，渗透率相对保持平稳，分别在11.4%和9.6%。另外一份双语报《我报》的渗透率为6.4%。

娱乐杂志方面，《i周刊》和《优1周》继续占有最大市场，渗透率分别为4.4%和3.6%。

网络使用方面，新加坡的每日网络使用率达70%，每月网络使用率也达74.2%。

每天收看电视的新加坡人占全国人口的70.8%。8频道继续以43.7%居冠；优频道以22.8%排名第二；5频道和亚洲新闻台的渗透率维持在22.4%和17.2%。不过，这些频道的渗透率都呈现下跌趋势。

电台的收听率保持稳定，华语电台之冠由YES 93.3频道蝉联，Love 97.2频道和95.8城市频道紧跟其后，排在之后的是100.3频道和88.3频道。

二、传统媒体与新媒体各有千秋

网络平台成为人们获取信息的主要平台，已经是全球性的现象。

根据新加坡媒体发展局2014年年初公布的《媒体消费者体验调查报告》(Media Consumer Experience Study)[①],新加坡人通过网络来获取新闻的比值,从2012年的22%增至2013年的66%。这项调查也公布了另一个令传统媒体颇感欣慰的数据:通过报纸来获取新加坡本地新闻的人,从2011年的73%增至2013年的85%。

而且,新加坡人对当地的媒体服务整体上感到满意。就媒体内容素质而言,新加坡人最满意的是星和(StarHub)付费电视节目和新加坡本地报章的内容。在与新加坡本地相关新闻的信息来源方面,免付费电视和当地报章仍是新加坡人的首选。

2013年9月,市场调查机构尼尔森(Nielsen)发布的另一项调查则显示,传统媒体仍然是消费者最为信赖的广告媒介之一,66%的新加坡读者相信报纸广告,62%信任杂志广告,而这两种传统平台的全球平均信赖度分别为61%和60%。

这是一个令世界很多城市或地区的媒体都感到羡慕的调查结果。一方面,传统媒体尤其是报纸,仍然是当地居民获取信息的首选,另一方面则是报章等传统媒体提供的内容获得读者的认可,享有较高的满意度。这显示了在全球来源开放性信息竞争的条件之下,传统媒体对于新加坡人接收和传播信息的价值,以及其内容制作的质量。这也使得传统媒体继续成为公共政策传播和沟通的重要平台。

---

① 《媒体消费者体验调查报告》(Media Consumer Experience Study),参见 http://www.mda.gou.sg/About MDA/Research And Studies/Pages/Media Consumer Experience Study.aspx。

为确保调查的公正和客观，新加坡媒体发展局《媒体消费者体验调查报告》委任的是独立咨询公司，用了两个多月的时间，面对面访问，向1742名15岁以上的媒体用户了解他们对不同媒体平台的满意程度，调查范围包括内容素质、内容选择、接收清晰度和服务的可靠程度。调查的每道问题有7个答案选项，从不满意（0分）至非常满意（100分），结果显示，新加坡人的整体满意度指数达到76.1%。

新加坡传统媒体仍然能够获得相当高的满意指数，显示其拥有较高的可信度，与网络新闻的即时性相比，传统媒体胜在更全面和具有宏观性，而这一点对于公共政策的传播来说，尤为重要。因为公共政策得以被有效接受，需要全面、宏观的平台，让民众心平气和地了解全貌，传统媒体可以充分地做到这一点，而不是网络即时新闻所容易产生的片面、武断的判断，继而制造对公共政策传播和实施意想不到的场面和反应。

第二节
新加坡媒体与政府的关系

一、媒体与政府关系背后的社会特性

要考察新加坡媒体与政府的关系、媒体对特定课题的报道方

式,不能离开新加坡的历史发展、政治制度以及社会构成。

从历史的角度看,新加坡经历过殖民地、民选政府、自治政府才实现独立,在不同的政治形态下,政府与媒体之间有着不同的关系。在殖民地时代,政府与报章之间的关系恶劣,对抗是常态。因为不同语言的报章并没有建立起新加坡的国家意识,而是以各自族群的祖国作为效忠对象。

比如,1923年8月,新加坡华人社群领袖陈嘉庚创办《南洋商报》。当时,陈嘉庚的业务突飞猛进,所属工厂可以印刷各类产品的标头纸、包装盒等,而办报纸可以节省促销产品的广告费,所以一举两得。1929年,另一位华人社群领袖胡文虎创办《星洲日报》,这两份报纸都吸引了不少从中国南下的知识分子加入,成为中坚力量,并且以中国作为效忠的对象,当时有关中国新闻的版面取名为"祖国要闻"。

新加坡华文报的历史是新加坡移民和教育史的折射。华文教育、宗乡会馆、华文报历来被视为海外华人社会的三大支柱。早期许多华人漂洋过海到南洋,但是英殖民地政府并没有照顾他们的利益或是为他们的子女提供教育。重视教育是华人社会的传统,当时不少华人社群领袖倾力创办华人学校,并从中国聘请教师来任教。华文报纸也应运而生,并且同华人社群一起成长。这也使得华文报、华文教育形成共生关系,并在殖民地时代保持独立的风格,也没有为政府传播政策的责任或义务。

其他语言的报章也是类似的情况,服务于彼此的社群。因为国家意识尚未形成,所以各语言报章自然而然地多以所属族群利益为重，或以原籍国为效忠对象。报纸也是一门生意，业主的商业利益高于国家或社会利益。对于新加坡主体来说，当时也没有限制外资进入新加坡媒体领域，那些短暂居住的外国侨民都可以直接或间接地控制或影响新加坡报章，殖民政府也不以为忤。直到后期才逐渐引入相关法律，包括在1948年时推出《印刷馆法令》（Printing Presses Ordinance）赋予政府可以随时撤销报章出版准证的权力，但基本上对报纸内部的运营还是采取不干预的态度。

人民行动党执政之后，经过多年的政权巩固和建国的努力，需要改变对媒体的管理，以便其符合自身对国家建构的目标。因此采取了一系列的行动，对媒体加以规范。1971年5月2日，新加坡内政部以"颂扬共产主义，操弄种族议题和在语言文化上激发沙文主义情绪"的罪名，在内部安全法令之下逮捕包括总编辑、社论主笔在内的《南洋商报》四名重要人物。两星期后，英文报章《东方太阳报》（Eastern Sun）被关闭。5月28日，另一家英文报《新加坡先驱报》（Singapore Herald）也同样被关闭。

经过这番整肃之后，新加坡政府开始在20世纪70到80年代进行大规模的法律制定和报业公司整合，以管制媒体，并改变一些恶性竞争的局面。最重要的媒体管制法令《报章与印刷馆法令》（Newspaper and Printing Presses Act）在1975年1月1日生效，所有报章出版公司在法令规定下改为公共公司，不再像以前一样由家族持有。《报章与印刷馆法令》是目前管制新加坡报章控制权和业务的最重要法律，对报馆的股份结构、管理层、出版及发行等做出了种种明确的规定。

二、政府通过法律管制媒体

广播和互联网管理方面，新加坡是推广互联网最早和互联网普及率最高的国家之一。从互联网运作伊始，新加坡就制定了相应的法律管理制度，并由专门机构监管互联网行业。1985年，新加坡通过《广播机构法》（Broadcasting Corporation Act）和《广播电视法》（Broadcasting and Television Act），1994年以《广播局法令》（Broadcasting Authority Act）取而代之，1996年再次修订，发布《广播法》（Broadcasting Act），并在同年颁布《互联网操作规则》。互联网是属于广播法令管制下的服务，《广播法》规定了互联网管理的主体范围和分类许可制度，《互联网操作规则》则明确规定互联网服务提供者和内容提供商应承担的内容审查或配合政府要求的责任。这两部法规是新加坡互联网管理的基础性法规。根据法规，威胁公共安全和国家防务、煽动和误导部分或全体公众、影响种族和宗教和谐以及宣扬色情暴力等内容，在法令管辖下的网站都禁止播发。

互联网业务最早由新加坡广播管理局管理，2003年1月，新加坡广播管理局、电影与出版物管理局和新加坡电影委员会合并成为新加坡媒体发展局。从此，新加坡媒体发展局替代新加坡广播管理局，成为互联网的主管机构。

从《报章与印刷馆法令》制定的细化内则，可以清楚地了解新加坡政府对媒体的管制方式，以及基于相关法律法规基础之上建立起的政府与媒体关系。

比如，法令规定，报纸必须有负责主管新闻领域的部长发出的准证才能出版，准证必须每年更新。报纸的总编辑人选必须获得新闻、通讯及艺术部长批准，报章出版公司的董事必须是新加坡公民。

对于报章出版公司的股份也有明确的规定，即分为两类：管理股和普通股。管理股占总股份的百分之一，只能发给那些获得部长批准的新加坡公民或机构，在有关委任或开除任何董事或报馆职员的投票表决中，每份管理股拥有 200 票的表决权。法令对于股权有可能被个人机构控制的情况也做了明确规定：任何人或机构不得拥有公司超过 5% 的股权。任何人或机构也都不能成为公司的"12% 控制者"（12% controller），比如与有亲属关系或合伙关系的人共同拥有 12% 以上的股权；甚至"间接控制者"（indirect controller）也不允许超过 12% 的股权，间接控制者的定义是：任何人（公司董事及管理股东除外），无论是单独或与他人合伙，无论是否拥有股权或投票权，能够使公司董事根据其指示或期望行事，或能够决定报馆政策。

《报章与印刷馆法令》也规定任何人都不能在获得或更新报纸出版准证后，在没有事先得到主管新闻的部长批准下，为报纸接受外来资金，包括居住在新加坡的非公民的资金。

制定新法律管制报章之后，新加坡政府就开始推动对报业公司进行大整合。1983 年，《南洋商报》与《星洲日报》合并，《联合早报》诞生。1984 年，华文报与英文报公司合并，成立新加坡报业控股集团，也就是目前新加坡唯一的报业集团，出版四种语言的报章。

新加坡政府对媒体的管理，除了《报章与印刷馆法令》《广播法》等明文规定的法律条文之外，政府与媒体之间还有并非明文规定的"游戏规则"和一些界限，担任新加坡最大华文报章《联合早报》总编辑18年的林任君曾撰文分析，这些"游戏规则"包括报章可以享有新闻自由必须受到社会责任的约束；报章必须清楚自身的角色是营造共识、促进发展，而不是挑起对抗，破坏稳定；报章可以批评政府，但必须给予政府"答复权"。[1]

媒体需要遵守的不准逾越的"界限"，包括不准玩弄种族、语文、宗教等敏感课题，不得挑起这方面的矛盾和冲突。在报道军事、外交等课题时必须照顾国家的利益及立场等。

但是，与很多国家不同的是，新加坡政府并不对媒体采取事先的新闻检查，政府不检查报章内容，不阻止报章刊登负面新闻或言论。媒体在报道相关政策时，就按照法律和规则的框架进行。报章积极支持政府的政策，但也认真反映民意，并提供建设性的批评。

媒体不与政府对抗，不挑战政府的权威，但也不做执政党的喉舌。

新加坡政府与媒体关系架构下最为重要的是，"监督"政府不是媒体的任务。政府是民选政府，官员渎职、腐败等应由

---

[1] 参见林任君《营造共识，促进和谐：新加坡报章在国家发展中的角色》，载《联合早报》，2009年6月24日；林任君《大卫对巨人的反抗——新加坡对西方媒体的反击与新加坡的媒体模式》，载《联合早报》，1995年10月31日。

独立的司法、反贪部门执行，依法进行，媒体不以"监督"政府作为第四权的天职并享有超越法律的权利。媒体不能超越或代行司法功能，进行舆论审判，并进而侵犯当事人的合法权益或隐私。

因为，除了媒体不以日夜监督政府为职责外，外部社会已有的各种法律，能够同样直接或间接地约束媒体行为，比如《诽谤法令》《煽动法令》《内部安全法令》《官方机密法令》等，这些规范社会行为规则的法律与专门针对媒体的法律法规结合在一起，就对新加坡的媒体作业、内容生产、内容传播产生相对应的影响，进而规范和约束媒体的行为。

三、媒体与政府良性互动：负责任的新闻自由

整体来说，新加坡媒体与政府一直保持着比较良好的关系。之所以能够形成如此的现状，包括多方面的原因，法律约束媒体的作业和生产，也同样约束政府官员，每一个人在法律面前都是平等的，媒体没有特权，政府高官和公务员同样没有。新闻从业员除了具有高度的新闻专业和自律精神，同样必须符合相关法律在新加坡建立起的整体规范的要求。

因此，很多国家的媒体必须扮演监督、批判的角色，一方面是因为媒体的定位，另一方面很大的原因是当地政府往往存有弊端，社会更依赖媒体站在政府的对立面进行监督。而新加坡

的政府在廉洁、高效、公正等方面有口皆碑，具有很高的信誉，也因此在新加坡民众之间建立起公信力。政治领袖对问题开诚布公、充分与民众沟通，而新加坡社会整体上的法律制度、行政系统和司法过程高度透明，有效地实现对社会每一个环节的依法管理。

与此同时，新加坡的政府领导人尊重和信任报章的领导人，彼此之间保持着良好的工作关系。政府各级官员不时向报人吹风，提供新闻事件的背景和解释政策动机及要点等。总体来说，新加坡报章的领导与政府对许多重大的问题取得高度的共识。

在法律条文规范、媒体集团经营、政府媒体关系等因素的影响下，新加坡形成了与西方媒体为主的敌对新闻模式和东方一些国家的指令新闻模式都不一样的新闻模式，新加坡报业控股华文报集团总编辑、《联合早报》前总编辑林任君将其概括为"负责任的新闻自由"。一方面，新闻自由确保公共信息流通、准确、可靠、透明，既有利于经济发展，也有助于提高公众了解重大的国家社会课题，发挥社会公器的效用，独立并积极地维护民主法治和公平正义。与此同时，媒体受到约束和规范，不会滥权渲染而制造社会敏感议题，继而对整体社会利益造成损害，能够提高社会凝聚力，促进国家的安定和社会的和谐。

由于采取了"负责任的新闻自由"的新闻模式，新加坡的媒体在与政府维持良好关系的同时，也在读者心目中维持了很高的可信度。

1995年7月15日，新加坡时任总理吴作栋在庆祝新加坡最大的英文报纸《海峡时报》成立150周年晚宴上,发表了题为《新加坡报章——好政府和好社会良性循环的一部分》的演讲。在场的出席者以新闻从业员为主。吴作栋在谈报纸与政府关系时做了以下表述:"新加坡报章不能因为其他国家的新闻机构采纳了对抗性的角色而这样做。这不等于说我要新加坡报章成为政府的喉舌";"你们对新加坡人的最佳服务,就是准确地报道,清楚地分析,以及从新加坡人的角度、为新加坡人明智地诠释事件与事态的发展;澄清问题,清楚地说明各项选择,因为在这个复杂的世界里,每一个解决方案都要付出代价";"报章的任务是促进共识,而不是挑起对抗;是促进建国,而不是损害社会组织"。①

林任君则认为,今天新加坡的报人已经不只是消极地接受《报章与印刷馆法令》《诽谤法》《官方机密法令》等法令、界限或规则而已,而是已经更进一步,和政府在许多重大的问题上取得高度的共识,积极和主动地采取与政府合作的态度,在提高社会凝聚力、协助政府达到政策目标,从而促进国家和人民的整体利益等方面发挥了巨大的作用,成为有利于新加坡经济发展的一个重要的社会基础设施。②

---

① 转引自林任君《大卫对巨人的反抗——新加坡对西方媒体的反击与新加坡的媒体模式》,载《联合早报》,1995年10月31日。
② 同注1。

四、高效沟通机制推动政策传播

新加坡经过建国数十年的发展所形成的媒体与政府的关系，在双方互动、政策传播模式等方面已经形成了一套行之有效的操作路径。

为了使媒体更清楚政府政策的规划，确保媒体在传播信息、解读政策、分析影响时，能够让受众也就是政府需要服务的对象——民众——准确地了解政府的政策目的、效果，新加坡政府部门与媒体间建立了高效的沟通机制，颇具代表性的就是吹风会，由主管相关政策的高级官员向媒体通报情况，对政策加以说明。政府高层领导人，比如总理、副总理或内阁部长也经常通过聚餐、座谈、对话等形式，与媒体高层、专线记者进行交流，介绍政府在一些政策议题或热点课题上的立场与看法，甚至坦诚分享政策制定过程中存在的顾虑和特别考量。

这一通报、吹风或沟通机制，至少在两个层面达到了良好的政策传播效果。第一，媒体从高管、部门负责人到专线记者可以深入了解政府制定政策的出发点，避免在报道和解读、评论政府政策的时候，以外行人或一知半解的角度切入，而这种片面的解读和评论，一旦借助媒体的公共舆论平台放大，将会对政策实施和接受度造成负面效应。第二，从政府的角度来看，媒体除了履行公共意见代言渠道的角色之外，媒体人本身其实也是民意的组成部分。政府制定政策是否可能引起不同的声音、不同的意见是否有其合理性、是否反映政策出现无法兼顾的缺陷等，政府部门都可以在与媒体进行吹风、沟通的过程中，获得直接而特别的反馈，从而决定是否有必要对政策进行微调或相应的修正。

如果媒体人在通报或吹风的过程中，对某一课题穷追不舍，对某一课题疑惑不解，或是对某一课题不以为意，往往意味着民众有可能有类似的反应，政府部门就需要思考政策推行过程中民众的反应，从而制定相关的预案或应对机制。

政府部门与媒体建立有效的沟通机制，媒体可以减少对政府误读、误判、误分析的可能，政府则实现政策的有效传播与表达，在信息的自由传递与生产过程中，媒体将政府政策的相关信息能够尽可能完整地呈现在民众面前，由民众进行识别与判断。政府也借此实现开放度和透明度。

新加坡总理李显龙曾在2013年《联合早报》举办的国是论坛上谈及媒体在政策传播方面的重要作用。他举例说，《联合早报》在政策传播方面做得很好，每年的财政预算案和总理国庆群众大会演讲，《早报》必须在最快的时间把重点发言整理出来，翻译、征求各界人士的反应，然后在有限的版位空间解释清楚，让读者了解政府新方针或新政策对他们的影响，让他很佩服这些记者。"报道的方式重要，因为它可以影响读者的看法，甚至左右群众的反应，尤其是敏感问题或是容易情绪化的课题上，平衡的报道是维护新加坡社会和谐的重要部分。"

新加坡
公共政策传播策略

第三章

柔性传播力：政策传播与接触民众

"新加坡人都喜欢参加幸运抽奖，如果让定时缴纳保健储蓄的自雇者和散工都有机会参加抽奖、赢得奖品，每个人都会开心。我们不是要鼓吹赌博，但是以抽奖为奖励，从中得到一些乐趣也无伤大雅。"

——为鼓励自雇者和散工加入公积金储蓄计划，并缴纳保健储蓄以享有就业奖励津贴，新加坡总理李显龙宣布政府将举行"缴纳保健储蓄抽奖"。

第一节
政策制定：公务员扎根收集民情

一、细致设计政策实施过程

如何让一项照顾民生的政策获得好的反应？如果是简单地发放津贴、提供援助，是最直接的。但如果这一政策承载多项功能，既为普通民众带来实惠，又能够协助社会整体提升生产力或竞争力，就一定需要细致而有效的政策研究、制定、宣传和执行、反馈的过程。像这样的政策，往往细节可能比较复杂，民众未必能够充分了解。

为了推行政策，政府甚至不惜以"幸运抽奖"的方式作为鼓励的手段，你能想象得到吗？但以这样的方式，恰恰能激起民众的好奇心和参与感，对受到政策惠及的社会底层民众来说，单纯地讲解政策未必能够完全让他们清楚来龙去脉和其中的关键要点，但是用一种能够激发他们兴趣的手段，往往会有意外的收获。

以 2006 年新加坡对外公布的就业奖励花红制度为例，就可以观察到新加坡政府对于民生政策的细致设计和实施过程的精心安排，以及为鼓励民众参与而打破思维界限、尽显创意的政策实施手法。

虽然该政策是在 2006 年年初公布详情，但是在政府内部，早就按部就班地规划了步骤：

2004 年年底：公务员成立探讨"打工穷人"的战略课题小组；

2005 年年初：新加坡财政部成立"脆弱工人"研究小组，到纽约、威斯康星和香港考察；

2005 年 6 月：低薪工友部长级委员会成立，由人力部长黄永宏领导。成员涉及不同部门的负责人，包括总理公署部长兼全国职工总会秘书长林瑞生、社青体部长维文、卫生部政务部长王志豪、财政部政务部长陈惠华、教育部政务部长颜金勇、国家发展部政务次长孟理齐博士和职总助理秘书长哈莉玛；

2005 年 11 月：政府宣布将实行就业奖励计划；

2006 年 1 月：协助低薪工人报告书出炉；

2006 年 2 月：财政部长公布财政预算案并宣布就业奖励花红详情；

2006 年 5 月：首次分发就业奖励花红；

2007 年 1 月：政府宣布就业奖励花红为长期措施；

2007 年 2 月：财政预算案宣布就业入息补助计划（Workfare Income Supplement Scheme）。[1]

---

[1] 邓莉蓉、邓华贵《为完善就业奖励计划　年轻公务员下乡访民情》，载《联合早报》，2007 年 3 月 25 日。

从2007年起，就业奖励花红计划正式成为新加坡社会安全网的第四根支柱，为愿意工作的低薪员工与家庭提供长期的援助配套，以增加他们的收入。这对最初只计划实行两年奖励计划的新加坡政府来说，是个重大的政策改变。

历时两年多的策划与实施，最终形成了"就业奖励花红"的专项政策。根据新加坡政府2006年时公布的计划，月收入低于1200新元的30万名40岁以上的低薪工人在未来两年里将获得总数10亿新元的援助，称为就业奖励花红。

就业奖励花红数额是以工人的收入为依据，收入越低，得到的花红津贴就越多，月薪不超过900新元者可获得相等于一个月收入的花红，而月薪介于901新元到1200新元者可获得半个月的花红。

这一计划最符合新加坡制度理念的地方在于，为鼓励工人自力更生，要领取就业奖励花红必须符合一个条件，即受惠工人必须至少就业6个月。新加坡一直避免成为福利社会，造成部分人依赖公共资源而成为社会负担，因此设立就业奖励原则，政府将协助和奖励愿意找工作和继续工作的人，而不会推行以需求为依据的福利制度。

在制定和传播这一政策中，新加坡政府非常注重策略，以及思考如何达到最佳的效果。

在政策的形成方式上，新加坡政府探讨照顾低薪工人政策的方式是成立一个部长级委员会，由当时的人力部长兼国防部第二部长黄永宏担任主席，最终形成52页的报告书，以建议的方式提交内阁，内阁经过讨论批准后，就通过财政预算案具体规划和实施。参与者都是政府不同部门的部长或政务部长，扩大了部门参与者的范围，使其充分吸纳多方利益相关者的意见，而非单一政府部门自上而下的单向决策。

在政策的形成过程中，公务员或政务官在充分收集民情的基础上，扮演了主要角色。

新加坡的公共部门如何收集民意、聆听小市民的心声呢？

多年以来，新加坡政府一直派遣顶尖的公务行政人员到基层组织工作，例如人民协会、社区发展理事会等，他们在那里大约工作两年，聆听民众的心声和各类投诉，从中了解如何帮助小市民，积累大量在基层的工作经验，以及熟悉民生议题的主要牵涉范围。即便贵为总理，也积极保持与广大小市民的联系。前总理吴作栋曾经如此介绍自己和基层联系的方式，主要是通过自身选区的基层领袖了解民情。他会定时和他们见面，碰面时花一两个小时聊天，也定期以小组形式，邀请他们共进午餐。因为彼此关系非常熟络，基层领袖会很坦诚地说出一些事，也反映一般市民所关心的课题。另一途径是定期和议员们聚会，邀请议员共进午餐，然后问他们选民有些什么样的问题？议员们就会拿出他们接见选民时的各种案例。

在亚洲金融危机之后，区域经济和全球经济开始复苏，但是新加坡国内的基尼系数有逐渐攀升的现象，低薪员工收入停滞，有些人并没有从经济增长中受惠，这喻示着社会的贫富差距日渐扩大。

二、访谈低薪家庭获取第一手资讯

2004年新加坡人力部等部门成立专门探讨"打工穷人"课题的战略课题小组，着重探讨如何调整政策及各种措施，帮助收入属于最低的20%（即月收入不超过1200新元）的低薪家庭。小组成员来自多个政府部门，包括人力部、财政部、内政部、社青体部、人协、社区发展理事会等，约15人，其中有不少是年轻奖学金得主和行政官员，他们都是自愿参加。

除研究科学数据外，这批公务员也通过社区组织、人民协会和社青体部寻找低薪家庭进行小组讨论和接受访问，对象主要是低薪工人和家庭，也包括社工、小贩、前囚犯、年长者、低薪公务员等，总数近150人。访问时间大多在晚上，每次大约两三个小时。小组成员有的直接用方言和受访者谈，有的则在社工的帮助下与受访者沟通。这批小组成员也同时到一些实行福利制度的城市考察，以制定符合国情的援助措施。[1]

这些访谈不仅让公务员了解到基层的情况，而且更进一步让他们实际了解到民众的问题到底是哪些，这些细节必须通过交谈才能获知，而且都是每天发生和面对的问题。这对公务员制定政策来说，提供了鲜活而具体的案例，能够直接了解到可能产生的政策会带来什么样的具体影响。

最为重要的是，当政策发布之后，需要向更广大的社群和公

---

[1] 邓莉蓉、邓华贵《为完善就业奖励计划 年轻公务员下乡访民情》，载《联合早报》，2007年3月25日。

众解释、传播政策的理念和想法时,他们都能够言之有物,非常具体地引述人物的故事和经历,来验证和支撑自身的政策表达和论述。

在策略小组确认民间存在的问题以及设想提供某种形式的收入补助之外,财政部在2005年年初成立"脆弱工人"研究小组,出国考察和学习其他城市的福利制度运作模式。考察团除了同当地官员交流外,更着重于到福利中心实地了解运作的情况,同受惠者、社工和学者交谈。他们从中得到很重要的信息和收获就是福利制度必须是个综合性的配套,不能单给经济上的援助,而应该和其他援助配套融合在一起。

这批公务员达成共识,就业奖励计划不单是就业奖励花红或就业入息补助,而是综合教育、住屋、社会援助、重新改造工作及培训等元素相辅相成,才能从长远上最有效地帮助低薪员工。

随着低薪工友部长级委员会的成立,有关就业奖励配套的具体细节和会议立即紧锣密鼓地展开。委员会只有短短6个月时间推出全盘的就业奖励计划,要敲定诸多细节和相关条规,时间非常紧迫。但有了前期的充分调研与信息收集,政策细节就具备了充分而坚实的基础。

第二节
柔性传播：公务员展开大规模政策宣传活动

就业奖励计划推行之后，第一年就有超过34万人领取总额约1亿5700万新元的就业花红。低薪工人大多属于社会的底层，要大规模接触并非易事。除借助传统媒体细致而频繁地介绍就业奖励花红的计划外，公务员也少有地展开大规模的宣传活动，包括在超过100多个民众俱乐部设立询问站，协助民众申请就业奖励花红。此外，充分发挥基层组织的网络，公务员与基层领袖进行对话，详细解释有关条例。不少基层领袖也根据政府所提供的名单，到低薪家庭比较集中居住的一房式和二房式组屋挨家挨户去提醒人们加入计划。

就业奖励计划需要8亿新元至10亿新元经费来落实，一半用来奖励低薪工人继续保住饭碗、自食其力，另一半资助技能提升、社会服务计划以及帮助低薪工人的子女接受良好教育。因为资源有限，政府需要集中帮助需要帮助的年长工人，另外较年轻的低薪工人教育程度较高，他们可通过技能的提升以争取得到更高的工资。

就业奖励计划确实是一个能有效帮助低薪工人的计划，但是数以亿计的数额，是从政府宏观角度的投资与援助，具体到每个个体，又有不同的标准，因此对普通民众，政府也积极采取柔性的主动措施，广泛接触政策的可能获益者，让民众感觉到体贴周到、具有针对性的同时，更让政策本身获得良好的实施效果，以及民众之间互相传播和称赞的口碑效应。

因为收到民众的良好回馈，新加坡政府最终决定使就业奖励花红成为长期措施，作为社会安全网的第四支柱，照顾那些年龄在45岁以上、月收入1000新元以下的工人。这样一来，新加坡政府就能够长期关注实际工资可能停滞不前的低收入群体，改善他们的生活水平，继而实现自身的执政理念，并收获政治支持。

分发就业奖励花红的方式很简单，所有符合条件的受薪工人将自动获得，自雇者则根据所得税呈报表格为依据。就业奖励花红在2006年推出时推行期为一年，即使在计划开始时没有工作，年长失业者仍有一年的时间去找工作。

新加坡政府也时刻关注政策推行后的实施效果和受惠面，并及时进行调整。

新加坡2006年5月首次分发就业奖励花红，超过34万名低薪工人共领取总值1亿5700万新元的花红。但是领取这笔就业奖励的工人之中，有10多万名未缴纳公积金。

于是，2007年财政预算案时，新加坡政府推出就业奖励计划的提升版——就业入息补助计划，低薪工人可以减少公积金缴纳率，政府则补贴他们的工资和公积金储蓄。就业奖励的对象也扩大到35岁以上、每月收入1500新元或以下的工人。之前，就业奖励花红是发给满40岁、平均月收入不超过1200新元的工人。

和之前分发就业奖励花红给工人的方式不同的是，大部分的就业奖励将以公积金的形式分发，所发出的现金与公积金的比例为1∶2.5。换言之，新加坡政府每发1元现金给工人，也会将2元5角存入他的公积金户头。之前，在发给工人的就业奖励花红当中，九成款项存入工人的银行户头或以支票分发，一成的花红则进入他们的公积金保健储蓄户头。将更大部分的就业奖励拨入公积金，新加坡政府的用意是协助低薪工人应付未来的需求。

就业入息补助计划是一项重大的政策改变，是新加坡政府第一次补贴低薪工人的工资。这样一来，低薪工人可以缴纳更少的公积金，增加拿到手的工资现金，雇主可以为低薪工人缴付更少公积金，反过来加强低薪工人受雇能力，政府则将大部分就业奖励放入员工的公积金户头，协助他们储蓄。

在就业入息补助计划下，45岁以上、月收入1000新元或以下的工人每年将获得最多1200新元的补助（相等于年收入的10%—20%），35岁到45岁工人的就业奖励数额将是45岁以上工人所得的四分之三。

另外一个改变是，就业入息补助计划的受惠者只要在历年的6个月内至少工作3个月，或在历年内至少工作6个月。这样一来，打零工的从业者或合同制员工，过去无法达到持续就业的条件，如今也有机会获得奖励花红，更多的就业者能够获得政府补贴。这一基于民间进一步反馈而修改的政策，反映出新加坡政府善于并且高度重视反馈信息，及时修正政策，及其高效的行政能力。

这项每年耗资约4亿新元的就业入息补助计划能够让43万

8000名新加坡人受益。但是，这并不是一个简单的津贴发放的计划，而是有着诸多细节限制，又分门别类、不同年龄和收入阶层各不一样的政策。因此，要让每个人，尤其是受惠者完全了解政策的运作细节，实属高难度动作。

第三节
宏观高度：总理把政策说透

2007年5月，新加坡总理李显龙在五一劳动节的集会演讲上，再次从政府的角度宏观说明就业奖励计划是如何被仔细地规划而成。他介绍政府部门已经花了不少心血设计和研究每个细节，包括要让哪一个年龄层和月收入多少的工人得到这项补助，以及如何确保自雇者和散工也能从中受益。"我们最后决定把重点放在较年长的工人，不是老年人而是较年长者，从35岁就可算是较年长者，45岁就更年长了。这个计划的主要对象原是月收入少于1000新元者，但为了不遗漏任何人，我们把计划扩大到月收入1500新元者。至于自雇者和散工，他们必须缴纳保健储蓄。他们必须有所付出，尽管金额不会太多。"[①]

[①]《李总理：关注合约工人处境　公积金制度根基不动摇》，载《联合早报》，2007年5月2日。

由于细节非常烦琐，李显龙也清楚表示这一政策详情的复杂性，如果把它当成一项考试，多数部长（甚至包括他自己）都会不及格，但是每个细节背后都有个明确的宗旨，那就是帮助低薪工人，鼓励他们储蓄并确保他们先付出以满足条件。

李显龙也在集会上解释要求自雇者和散工缴纳保健储蓄，以享有就业奖励津贴的原因。他说，一名英国专家告诉他，只能通过三个途径去面对人口老龄化的挑战，即延长工作生涯、较迟退休；工作时把更多收入拨入养老金、公积金或其他社会保障计划，也就是领较少的现金回家，或退休后领取较少的养老金。

"这些都是不容易做出的选择，这也正是为什么改革养老金在世界各地都是个政治难题。在新加坡，公积金制度为广大的国人提供了基本的退休收入，我们必须延续和强化这个制度。"

由于政策需要达致的层面是低收入者，这个群体有他们的生活方式和兴趣爱好。新加坡政府甚至"投其所好"，采纳一位国会议员的建议，为鼓励自雇者和散工加入公积金储蓄计划，并缴纳保健储蓄以享有就业奖励津贴，举行"缴纳保健储蓄抽奖"活动。李显龙在劳动节集会上向工会代表宣布这个消息时，全场反应热烈，赢得热烈掌声。

对此，李显龙说："新加坡人都喜欢参加幸运抽奖，如果让定时缴纳保健储蓄的自雇者和散工都有机会参加抽奖、赢得奖品，每个人都会开心。我们不是要鼓吹赌博，但是以抽奖为奖励，从中得到一些乐趣也无伤大雅。"[1]

---

[1]《李总理：关注合约工人处境　公积金制度根基不动摇》，载《联合早报》，2007年5月2日。

为让政策的受惠者充分了解、理解并参与相关政策的执行和实施，新加坡政府才会放下身段，不惜以"幸运抽奖"的方式，鼓励低收入群体加入就业奖励计划。由于总理宣布幸运抽奖，本身就具有强大的话题性和传播价值，因此迅速地广为人知，并成为民间谈资。

　　正是这种柔性的传播方式，使得缴纳保健储蓄这一原本生硬、平淡的政策具备了活力，接了地气，从而达到政策制定者的初衷和目标。

　　李显龙自2004年上任总理以来，公共政策在涉及教育、交通、公积金、医药等多个领域都有所调整，推行政策、传播政策的手法明显和以往有很多差别。李显龙在谈及公共政策的处理时认为，这不是两代部长的差别问题，而是时代不同、情况改变了。政府制定政策、实行政策的方法也必须适应新的环境。在现在的环境下，政府必须考虑清楚政策要怎么调整，才能够达到目标，才可以避免不想见到的反效果。[1]

　　李显龙承认，这不容易办到。"不管是控制车辆，或医疗保健，或消费税的调整，你都要问：会有什么副作用？可以用什么办法尽量减少这些副作用，尽量使人民在面对新政策的时候不会误解、不会恐惧，或者感受到不必要的压力？这样实行政策比较不容易。因此我们过去两三年所推出的政策，都是经过好几年的思考、策划和制定。"

　　在政策推行的过程当中，一方面要尊重民意，注重传播策略，

---

[1]《政策须适应新环境 李显龙总理访谈全文》，载《联合早报》，2008年4月13日。

另一方面也同样要坚持自身的主张，如果一味讨好民意，这样的公共政策传播的结果，实际上是会造成更长远的政治伤害。作为政府，除了听取民意，更有责任分析、了解、解释问题，设法说服人民，争取共识，促使国家前进。民众教育水平日渐提高，对问题更为了解，包括问题的本质和问题困难的地方。因此，对于复杂的政策，需要用简单的语言向民众解释，让其了解其中的要害，并愿意接受这些政策。在注重民意反应的同时，维持坚强、有主见的领导作风。这是新加坡政府一直努力坚持的方向。

新加坡
公共政策传播策略

第四章

刚中有智：如何推行不受欢迎的政策

"这是部长的作风，他的方法。如果他先从 3000 新元开始，谈到最后变成 1500 新元，我想人民不会接受。因为人们总是希望讨论了之后，有一点妥协。所以，如果合理的话，我们可以调整。"

——新加坡总理李显龙如此分析卫生部部长许文远推行一项不太受民众欢迎的公共政策时的策略。

第一节
支付能力调查：五年磨一剑

一、选举压力下的政策周期

新加坡人民行动党虽然是强势的执政党，但是每5年就举行一次的大选，其需要重新获得选民的委托才能够继续执政，而每次选举对人民行动党来说，都会是一场必须严阵以待、每张选票都要努力争取的硬战。

这一选举模式就产生一个结果：一方面，强势的执政党能够用长期的视角去进行政策规划，不必事事都受选民短期利益的意志牵制，新加坡得以摆脱民粹和纯粹迎合民众的讨好策略；另一方面，选举的压力又实际而真切地存在，为应对大选带来的压力，政府对政策的规划和实施往往会形成一个典型的政策周期，重大的新计划，尤其是可能引起争议甚至不满的公共计划，会选择在大选之后的头几年推出，接着进入巩固阶段。在这个阶段里，政府通常会选择只对政策做渐进式或轻微的调整。到5年任期即将结束、下届大选需要举行时，政府就会检视是否有哪些方面被忽略，或者有什么在大选时会成为民众不满的焦点或政治定时炸弹，然后有针对性地加以处理。

面对5年一次的选举压力，执政党对于政策的选择如何决策？考量点是什么？李显龙这样回答："我们要在5年一次的大选时得到好成绩，这是民主制度的基本要求。但是，我们不能说每一件事情、每一项政策，都要依照民众的喜好做出决定。这样做肯定会出问题。一般人考虑的是自己和家人的利益，这是自然的，而政府则必须照顾全体人民短期和长远的利益。当部长的人不应该是只懂得讨好人民的好好先生。他们不应该盲从他人的意见。你必须告诉人民，你相信的是什么，你的立场是什么。从政的人所做的每一个决定都有负面的影响；任何一个选择都有好的一面和坏的一面，你必须找出哪个选择的坏处最少，好处最多。这不只是加减乘除的问题，而是一个判断，一个抉择。你的决定可能在短期内不被民众接受，但是你要觉得这是比较妥当的长远之计。"①

虽然政府需要坚定地站在维护国家长远的方向的角度制定政策，但5年任期里还是可以形成明确的政策周期，尤其对一些具有复杂性或争议性的政策，甚至是不受欢迎的政策，对执政者来说，其政治智慧就是避开敏感期或高压期，从获取执政权之初的逆流而上，到修饰完善、巩固加强，再到弥补示好，充分利用民众在不同阶段对政策具有不同感知度的时间差，最终实现政策的

---

① 《政策须适应新环境 李显龙总理访谈全文》，载《联合早报》，2008年4月13日。

有效推行。

有些高度复杂的政策，更需要从超越一届任期的更长远角度去规划，明确了长期目标，然后逐步推行，通过充分的公共政策说明和阐释，逐渐让公众了解、理解、接受。

二、"支付能力调查"的背景

新加坡在2009年1月开始实施的"支付能力调查"制度就是一项不受多数新加坡人欢迎的政策，由于中等收入和高收入者享受的医药津贴将因此减少，必然会引起这些群体的不满。新加坡政府推行这项政策，花费了5年时间去酝酿，经历了一次大选中的议题搁置，然后继续努力推动，在过程中善加利用传播的功能，最终达到大部分民众的理解和接受。

众所周知，新加坡拥有高水准的医疗服务，但医药价格同样不菲，不过，新加坡民众可以选择不同的服务从而享受政府的医药津贴。比如病房分为A、B、C不同等级，最低的C级病人获得最高的医药津贴，高达80%。B2级病人可以获得65%的津贴。

以前新加坡卫生部是以病人所住的病房等级作为支出津贴的根据，完全不考虑病人的经济能力。换句话说，住进C级病房的病人，不论是贫是富，都同样可享有80%的津贴。在这种情况下，由于医疗服务是公共服务，允许民众自己选择不同等级的医疗服务及其相应的津贴标准，那么收入较高的人有可能去选择低收费、高津贴的医疗服务，这是他们的权利，却可能制造某种程度的资源分配不公。

根据新加坡卫生部发表的调查报告，2002财政年，近40%的高收入有钱病人选择使用受津贴（即B2级和C级）的医疗服务。最高20%的家庭人均收入为每月约4000新元，这批人中每10人就有1人使用C级的住院医疗服务，并有超过25%使用B2级住院服务。而在专科门诊和日间手术方面，这个最高收入层的新加坡人中，有超过30%使用受津贴的服务。[1]

这就出现了一个奇怪的社会现象。受津贴的医疗服务应该是针对收入较低的病人，以确保真正需要经济援助的低收入者获得医药津贴。但事实却是"有钱人"同样在大量地享用医药津贴，这必然将挤占有限的医疗资源。当时政府国会卫生委员会主席梁莉莉议员就公开对媒体表达了这种忧虑。

但是，选择何种病房服务的确是个人的权利，即便他属于一般人认为的高收入阶层。尤其对那些慢性病患者来说，他们需要长期医疗照顾，因此即使有经济能力，也会考虑到长期的医药费负担，而宁愿"降级"，选择B2级或C级的服务。对广大中上层收入者来说，未来的医疗和养老问题也是普遍担忧的，选择较高的医药津贴是自然而然的选择。

在这种情况下，一个名为"支付能力调查"，即按照病人的经济能力来决定住院津贴数额的制度，就成为新加坡政府开始研究、准备采纳的新型医药政策。最终花费了5年时间、跨两届政

---

[1]《联合早报》，2004年2月26日。

府才终于实施。由于医药政策涉及每个人的切身利益，向来牵一发而动全身。这一政策从酝酿、讨论、激发民众参与到政策细化、落实，新加坡政府都充分发挥传播的作用，让民众自始至终都具有相应的心理准备，并且形成参与意识，有效地推动政策实施。

第二节
测试"风向球"：完成议程设置

一、政策命名是传播要义

政策的命名、定位十分重要，甚至可以说在一开始就决定了政策是否可行、能否继续下去。这是议程设置的传播规律在发挥作用。在传播伊始，民众对于政策的名称就会产生基本和下意识的判断，然后围绕名称进行讨论。"支付能力调查"本质上其实是一种涉及医药津贴制度的改革措施。如果对外描述该政策时，使用"医药津贴制度改革"这样的字眼，极容易触动民众敏感的神经，直接产生不必要的联想，认为是一种全面性的医药津贴下调，继而激发出抵触的情绪，最终混淆政策的焦点，阻碍政策的实施。

2004年2月，新加坡副总理、财政部长李显龙在宣布2004

财政年度的财政预算时,先说明全国医药津贴的现状为医疗保健开销总额有三分之一是由政府提供,表明如果继续这样支出保健津贴,会出现两种情况:要么政府在医疗保健开销上必须花得更多,也就是说税务会增加;要么政府必须降低为所有新加坡人所提供的医疗服务素质。这两种都不理想。因此,卫生部已经着手探讨要如何通过支付能力调查来鉴定病人的经济能力,再决定给予的津贴,以确保最需要援助的新加坡人能获得最多的津贴。①

其实在预算案之前数周,负责联系民情的民意处理组已提出了根据病人的经济情况来决定医药津贴多寡的建议,但是并没有引起太多关注。政策的先声,还是需要政府的正式表述。李显龙也巧妙地在预算案中表示,这项建议其实是来自"民意处理组",并肯定这是较有效率和公平的做法,因为它将能帮助政府把津贴使用在最需要的人身上,并且能充分利用医疗保健预算。

二、议程设置催化民意热议

通过预算案提出议题并加以说明,新加坡政府有效地完成了"如何使医药津贴更合理"的议程设置,在预算案公布之后,迅速成为新加坡社会热烈讨论的议题之一。民众通过传统媒体的读者来函、网上论坛、公开对话表达意见,媒体也通过社论、评论、专家访谈、民众反应等方式展示不同的观点。一些公开活动、讲

---

① 《联合早报》,2004年2月28日。

座、论坛等，也都纷纷热议这一可能调整的新政策。

几天之后，新加坡时任卫生部代部长许文远在出席一场公开活动之后接受记者采访，介绍他的初步构思：一个收入较高的新加坡人如果住进C级病房，可能得支付介于C和B2级病房的医药费，而如果住进B2级病房，则支付介于B2和B1级病房的收费，而不会享有C和B2级病房的全数津贴。因此，落实以病人的经济能力来决定住院津贴数额的政策后，较富有的新加坡人还是可以继续选择B2或C级病房就医，不过，他们得准备承担较高一点的医药费。

如此一来，卫生部就能利用省下来的这些津贴，来帮助真正低收入的新加坡人。许文远认为，新加坡人普遍都应能接受这样的做法是较公平的，以确保各阶层的新加坡人，都有能力负担医疗开销。

这种"按支付能力"来决定享受津贴标准的政策，颇有些"劫富济贫"的意味，富人多付，穷人少付，看起来是公平原则，道德上可以占据制高点，但其中涉及社会管理的一些原则性问题和实施的具体问题，并不那么简单。当政府硬性规定按收入标准使用某级医疗服务后，其他的公共资源是否也按照同样标准使用？富豪出行不可以乘坐巴士？或需要支付更高车费？有钱就是原罪？较富有的公民有没有选择医疗服务的自由？以及如何公平合理地决定收入水平和支付能力？如何界定退休人士的收入状况？有些人看似富有，和子女家人住在豪宅之中，但实际没有收入，并没有能力负担高额医药费。有些是慢性病，长期的医疗开销需要更多的医药津贴。因此,这一政策初步概念提出之后,反应不一。

这种反应不一,恰恰是新加坡政府公开提出议题讨论的目的。许文远先安抚人心,划定医药津贴改革的范围,表示卫生部只会在 C 和 B2 级病房落实支付能力调查政策,B1 和 A 级病房将不受影响。

他还表示,并不急于推行这项政策,而是希望在之后的几个月里,能够广泛听取新加坡人的意见和看法。他鼓励民众能够利用报章和互联网,提出自己的看法。

民众的多元反应,一方面让政府得以了解民众对这一课题的看法,从而有针对性地进行解释和回应;另一方面,民众之间也完成了对这一课题的互相教育和互相提醒,思考自己没有顾及的层面,完善自身对这一课题的认识。

比如在一场医药研讨会上,支付能力调查就成为会上热烈讨论的话题,一名与会者认为,以病人经济能力来决定住院津贴,对较富有的新加坡人不公平。他比喻说:"即使是搭乘飞机,有钱人也有权利选择经济舱,并且不会因此而支付更多钱。"这种形象易懂并具有说服力的表述,就需要政府从另外一面去很好地解释说明。也有发言者担心,单是落实"支付能力调查"计划方面,是否就会造成有关的行政开支大增。有些国家因在医疗行政方面的庞大开支,无形中促使医疗成本上涨。这也为普通民众思考医药津贴本身的议题,提供了更专业、更深远的思维面向。出席这场研讨会的卫生部政务部长巴拉吉最后发言保证,卫生部在落实支付能力调查的过程中，将避免造成有关的行政开支上涨。

媒体在形成公众对"支付能力调查"这一新的医药政策的印象和观念中，扮演了重要角色。当政府有效地完成议程设置之后，媒体基于公众利益和话题的热烈程度，自然地投入了相当的资源关注这一课题。在各方支持实行"支付能力调查"的意见形成主流看法之后，也很容易形成"沉默的螺旋"，使得支持的看法占据优势地位，继而形成有利于推动该项政策的舆论。

在对私人医疗业者的访问中，新加坡主要的私人医疗业者普遍持支持态度，认为这将有助于避免新加坡医疗成本高涨，对发展新加坡成为国际中心大有裨益。

一些公众也在报纸上发表文章，谈对支付能力调查的看法。比如一位读者在《联合晚报》撰文，先肯定这一政策体现全新的思维方式，十分支持。继而提出调查要做到最符合实际情况、最贴切地反映病人的实际支付能力。这样一来，无论享受到的津贴多或寡，人们都会因公平而心甘情愿，心里感激。最后建议根据个人报税方式划定一个百分比，区别出最富有和最贫穷的上下20%（或其他比例）来决定该享有多少个百分比的津贴，既合理有效，统计起来也方便。对那些年长无收入者，调查后一次颁发给他们某种享有最高津贴的证书。①

---

① 汝微《收入定贫富》，载《联合晚报》，2004年3月16日。

三、质疑和批评同步浮现

与此同时，对这一政策的质疑和批评同样占据舆论的重要地位。2004年3月，新加坡国会拨款委员会辩论卫生部开支预算时，不少议员针对支付能力调查制度发表意见，媒体对议员的言论则详细报道，将这一政策可能涉及的影响更全面深入地呈现给公众。有议员担心有多重负担的中等收入阶层由于津贴减少，将负担加重，变得更为吃力。有官委议员直接质问："93%的所得税是由少数最高收入的新加坡人缴付，为何他们不能享有受津贴的医疗服务？"同时，有议员认为以家庭人均收入来决定津贴多少，对小家庭不公平。无论家庭成员多少，每个家庭都有一些开销是固定的，因此不应以家庭人均收入为鉴定准则。

有议员说，就医或住院不是度假，病人是因为生病才需要住院而不是他想住院。只根据收入水平来作为衡量支付住院费用标准的做法，就像是在"惩罚"那些已经缴付较高所得税的人士。也有议员在国会提出10个不赞成只根据人们的收入水平作为衡量病人享有住院津贴多少的理由，要求政府设立一个委员会，认真研究卫生部在公共医院落实支付能力调查制度的利与弊之后，才决定是否要落实这个制度。这位议员铿锵有力地说："如果卫生部长不能说服国会议员们，那么又怎么能够说服公众呢？"

时任新加坡总理吴作栋也接受媒体专访，直言不讳地谈起诸多议题，承认"朝向落实支付能力调查制度的确是一项不受多数新加坡人欢迎的政策"。但吴作栋也明确指出："如果你让那些可以负担得起的国人，享有庞大的津贴，那么那些处在低下层的国人就会获得很少"，"那些中等收入者，他们会获得一些津贴，不过，必须比穷人较少。他们会不高兴，所以我们要解释，告诉他们说，他们是有得到援助的，只不过幅度较小。我们会提供训练，在他们的身上投资，让他们不断提升，而不是向下滑。当有预算盈余时，他们也会分到好处，只不过，这好处会比那些低阶层的人来得少。"①

民意处理组连同医疗保健民意团和卫生部接着在2004年4月首次举行有关支付能力调查的对话会，向民众收集意见，探讨如何有效地在公共医院实施支付能力调查制度。

分别举行的两场支付能力调查对话会，第一场以低收入者为对象，与会者有21名，大多是月薪不超过1500新元的低收入民众。是否应以病人所拥有的资产作为津贴数额多寡的依据，成了低收入者关注的课题之一。另一场则邀请了中等和高收入者发表意见，他们认为支付能力不应只以家庭人均收入为根据，而是应该从多方面来判断病人所能享有的津贴，以确保公平。

出席者因为自身处于受政策影响的阶层，因此都积极发言，并以自身的实例与政策进行对照，其中一名出席者说，既然住在有地住宅的病人有能力支付房地产税就应该也让他承担更多住院费。其中一名60岁的与会者就形容自己虽然住在私人住宅，每月赚取几千元的收入，但他目前必须供孩子念硕士课程，以及承担其他的家庭费用，自己的经济负担比"住在二房式组屋的居民

---

① 《新加坡总理吴作栋专访》，载《新明日报》，2004年3月29日。

更重"。

也有公众在报章发表文章，批评"支付能力调查"让国民被贴上另类标签，"区分了国人而分化了国人"。经济好景，预算慷慨点；国库吃紧，削减津贴但收费一律，贫困者另行援助，问题不是全面解决了吗？"政府的治国思维不能太理性化。管理国家就是管理人，政策应人性化，尤其是教育及医疗保健政策。"①

同时，民众也表示担心，支付能力调查涉及的行政费和社会代价，或许会比从中所节省下的费用来得更高。

第三节
大选因素：政策暂时搁置

一、政治压力下采取迂回策略

这一不受多数新加坡人欢迎的政策，在2006年5月大选来临之前明显有放缓推行的迹象。2006年的大选是李显龙担任行动党秘书长和就任总理以来的第一次大选，选举成绩直接显示民众对新领导人的支持程度。

由于民众、议员都大量表达对支付能力调查制度的质疑、忧虑，使得这一原本就不受大多数民众欢迎的政策很有可能成为下

---

① 刘镇坤《从EM3到支付能力调查——社会在分化吗？》，载《联合早报》，2004年4月3日。

届大选的议题，继而影响行动党政府的选举结果，卫生部很快做出了政治决定，暂缓推动这一政策。

2005年3月，卫生部部长许文远表示，暂时并不急于推行支付能力调查计划。

2005年4月，卫生部部长许文远在一场居民对话会中表示，如今较能理解为何高薪者会担心卫生部落实支付能力调查的制度。高薪阶层受到医药津贴政策调整的影响，卫生部需要深入探讨高薪阶层负担医药费的能力，要确定月收入6000新元以上的高薪国人，究竟有没有能力负担住院费用。解决的方法并不是为高薪者提供津贴，而是要确保他们有足够的储蓄应付医疗需求。

"支付能力调查只会使高薪者无法享有B2和C级病房的津贴，而保健储蓄的使用也是以B2和C级病人作为考量点。换句话说，就算高薪者有足够的保健储蓄，也未必能应付A级和私人医院的开销。"

2006年3月，卫生部部长许文远在接受媒体专访时，再次重申在这一两年内，并不急于推行支付能力调查计划，强迫有钱人不可以住C级病房或在住C级病房时支付更高费用。他也做出说明："我认为支付能力调查，在原则上是对的，但究竟要如何确保推行方法公平，这是让我裹足不前的原因，因为执行起来并不容易。在执行前需要进行周详的策划。"[1]

他举例说，他最近参与社区分发红包给贫苦国人的活动时，遇

---

[1] 洪艺菁《许文远专访：卫生部今年将打开门户 印度中国医生可来新行医》，载《联合早报》，2006年3月5日。

到一个老太太。她的两个孩子各月收入数千元，家庭每月总收入达15,000新元。她却可怜兮兮地前来领取那20元的红包。这个个案显示了一些国人的家庭总收入看似很高，个人实际上却没什么钱。

由于选举日期由执政党确定，因此，执政党可以在确定大选时间之前，精心梳理自身的政策，哪些能够获得民心，哪些可能存在不足需要修正，哪些可能成为反对党的靶子，需要应对。因为可能引爆成为政治争议的话题，并使民间的不满情绪转化为反对票，行动党政府明显在2006年5月大选到来之前，对"支付能力调查"这一政策进行"冷处理"。

不过，由于课题本身就不受民众欢迎，在竞选过程中，这一议题仍然招致反对党的猛烈攻击。

在反对党工人党举行的竞选群众大会上，工人党主席林瑞莲和秘书长刘程强提出，新加坡人医药费负担日趋沉重，而行动党政府计划实行的支付能力调查，让新加坡人接受评估是否能享有政府的医药津贴，忽略了照顾民生的基本需要。林瑞莲说："照顾人民的医疗需要是政府的职责。目前政府花在医药津贴的钱非常少，只是国内生产总值的不到1%。他们这么做（实行支付能力调查）是因为不要在人民身上花钱。他们把这个负担转移到人民身上，让大家'Pay and Pay'（付钱又付钱）。"

新加坡民间存在一种调侃的说法，将行动党的英文简称PAP（People's Action Party）演绎成另外一种解释Pay and Pay，林瑞莲就抓住这一点，希望引起选民的共鸣。

她从多方面质疑支付能力调查评估标准的准确性。"行动党评估你是否有钱，应该住 A 级还是 C 级病房，考虑的范围包括你住几房式的组屋？住三房式不代表你穷，住五房式也不一定很有钱。你的家庭收入也考虑在内。收入可以是相同的，但是家庭大小却不一定相同。我们即使有相同收入，但能花的钱会不同。很多人还要奉养不和自己一起住的父母呢。"[1]

由于民众对支付能力调查的细节并不十分清楚，因此反对党的质疑和批评比较容易引起大家的共鸣。

许文远对工人党的指责做出回应时表示，卫生部将非常慎重地研究支付能力调查，让越低收入者获得越多的医药津贴，实践"罗宾汉原则"。他解释："推行支付能力调查的目的不是为了剥夺对穷人的照顾，而是为了把更多津贴给最需要津贴的人，也就是那些低收入和需要照顾多重疾病年长家属的中层家庭。"

"罗宾汉原则"是让有钱人帮助比较没有钱的人，也就是越低收入者获得越多津贴。问题是要怎么做？如果实施不好，反而会弄巧反拙。许文远因此解释说，这不是一个简单的制度，必须慎重地考量和开展，需要时间咨询人民的意见，展现透明化的过程。[2]

二、避免选民情绪化地反对

因应选民的反弹和反对党的攻击，以及工人党要求卫生部长

---

[1]《林瑞莲：医药费日重　政府津贴非常少》，载《联合早报》，2006年5月1日。
[2]《卫生部将慎重研究医疗"支付能力调查"》，载《联合早报》，2006年5月2日。

在投票日前提供支付能力调查详情，行动党政府甚至一度软化立场，避免针锋相对，使得还没有被说服或了解清楚的选民因为一知半解而通过选票表达反对意见。

许文远在选举后期就表示，过去40年来，政府医院病房分四级，用意是让病人可以自行选择能负担的病房，进行某种程度的"支付能力调查"。它既然可行，让许多病人得到津贴，政府也许没有必要进行更彻底的支付能力调查。他说："如果能做到彻底、公平又简单，我就一定做。可是要做到公平和彻底，它是非常麻烦的，需要很多精力和资金。我觉得那就不必了，不如照旧让人民自己选择。"因为如果要彻底在政府医院进行支付能力调查，等于政府需要调查400万人的户头，这会变得非常复杂，行政成本会高过实际利益。"谈彻底的支付能力调查，是为了使现有制度更好，可以慢慢研究。过去40年我们都不需要，未来的40年也未必需要。"许文远重申，要展开全国计划，不能那么草率，需要征求人民和专家的咨询、反复研究所有的细节，这样推出后才不会有问题。①

2006年的大选，人民行动党赢得国会84议席中的82席，反对党只拿下后港和波东巴西两个单选区的议席。按前文所述，新加坡政府对政策的规划和实施往往会形成一个典型的政策周期，重大的新计划，尤其是可能引起争议甚至不满的公共计划，会选择在大选之后的头几年推出。2006年通过大选巩固政权之

---

① 卢丽珊《许文远：需要很多精力和资金 政府医院没必要进行更彻底支付能力调查》，载《联合早报》，2006年5月4日。

后，行动党政府也选择及早推行支付能力调查。

卫生部部长许文远2007年4月7日明确表示，打算在1年内于公共医院实行支付能力调查，以决定个别病人应获多少津贴。调查先针对住院超过5天的病人，可能在1年内推出。

第四节
空中对话：公开回复澄清政策

一、反对的声音继续通过公共舆论传播

《联合早报》在2006年8月13日做出专题报道，使用疗养院过去多年来的详尽个案，显示这个制度"知易行难"，揭示其中的潜在问题。媒体也专门进行医药费支付能力调查，新加坡疗养院自2000年7月便逐步采用这个制度，通过病人家庭收入来决定个别病人所能得到的住院津贴，家庭人均收入少过300新元的病人可获得最高额75%的住院津贴，家庭人均收入超过1001新元的病人必须支付全额住院费。根据反馈，许多医药社工视其为"缺乏弹性"的评估工具，已经使得一些中等收入但需要援助的夹心层，落入社会福利安全网的缝隙之间。对医药社工而言，

要进行支付能力调查是一项非常烦琐耗时的工程，要如何确保病人家属呈上他们的收入凭据，经常让医药社工伤透脑筋。要是少了任何一份资料，申请就不被批准。

而民众此时的看法呢？

《联合早报》2006年8月15日刊登调查报告，针对548名新加坡人进行的医药调查显示，过半新加坡人没信心应付高额医药费。65%的人认为两年内自己应该还可以应付。如果是5年，有信心的人就减少到54%，而对10年后的支付能力仍有信心者只有39%。

根据这项调查，新加坡人对于在公共医院实行支付能力调查的构想仍旧存在意见分歧，有55%受访者支持这种按照病人家庭收入决定病房收费的做法，不过持反对意见的人也多达45%。由于不清楚这个制度将会如何实行，也不知道这究竟会如何影响他们的住院医药账单，所以不少受访者都对这个可能会实行的制度存有相当大的顾虑：有16%的受访者说他们"非常担心"，另外也有51%的受访者表示他们"有点担心"。

支持政府实行支付能力调查的受访者理由相近，其中56%认为收费较低的病房本来就应该保留给贫困者，另外43%的支持者则认为有钱人不应该获得政府津贴。根据调查结果，虽然他们支持这项有助于政府更好分配住院津贴的制度，但是其中却有61%的人不看好这种做法，认为这无法控制医药费不断上升的问题。

反对实行支付能力调查的受访者则有不同的顾虑。43%持反对意见的受访者认为，同住一样的病房但付费不一样的做法似乎有失公平；另外也有四分之一的人指出，希望能按照对自己经济能力的评估来决定住什么病房。

不赞同实行支付能力调查的受访者中，有14%的受访者对于这项制度会如何实行没有什么信心，12%则不清楚他们会如何从中受惠，另外还有5%觉得这会侵害他们的隐私，因为他们不想对外泄露他们的收入数额。

那么，反对意见主要来自哪里？收入属于最低30%者所获得的津贴相信不会因支付能力调查而下调，所以不会对实行这个制度有太大不满；收入最高的20%不常使用公共医院的津贴病房，所以同样不会反对这项制度。被夹在中间的50%的中等收入人群会是对支付能力调查最抗拒的一群，他们住院的医疗费用将直接大受影响。

民众和政策观察者一般对支付能力调查有两大顾虑：要执行这个烦琐制度的行政费用和时间会不会超出它所能给院方带来的好处？另外，医院要以什么来作为决定病人获得多少津贴的标准？要是单单以家庭收入作为依据，那么院方要以多少收入作为截分点？要是以住屋类型为标准也是个问题，因为有些有产业的人未必有高薪或稳定的收入。

针对政府将着手推行支付能力调查制度，反对的声音继续通过公共舆论传播，新加坡政府耐心以对，并希望借助公开的回复表达政府立场，赢得公共舆论的理解和支持。

二、政府对质疑积极回复

2008年1月5日,一位读者许振群致函《联合早报》,标题为《质疑公共医院的支付能力调查政策》,在比较公共医院可能参照疗养院采取支付能力调查的方式之后,提出自身的质疑,一是"病人若患上急症,需要紧急入院医疗",公共医院怎能拒绝说"等完成支付能力调查后才可住院,这岂不有失人性!"[1]

该读者接着质疑如果公共医院可以采用支付能力调查政策,那么,教育、住屋和交通等公共设施,也一样可以采用支付能力调查,向公众收取费用,赚多付多,赚少付少。因为政府在教育、住屋和交通的津贴开支,不也是一样巨大吗?"但这些强民的基础设施建设所需动用的国库收入,政府是通过征税取得的。假如国家的基础设施开支,都要人民去共同承担,那么,税务制度就应该免除,否则就是双重课税,于理不符。"

面对公众的质疑,卫生部迅速做出回应,两天之后,卫生部行政传播署署长的回复同样在《联合早报》上刊登,解释在医院进行的调查,会和疗养院现行调查法不同,这方面的细节还在探讨研究中,需要结合与病人、工会及公众的咨询磋商所得的意见。在此期间,卫生部希望媒体不要推测新机制会如何运作,以免误导或没必要地引起读者的担忧。同时,卫生部保证不会让任何举措危及医疗服务,没有人会受到耽搁而不能及时接受医疗。

---

[1]《联合早报》,2008年1月5日。

1月25日，再有读者发表评论《支付能力调查违背了一视同仁的大原则》[1]，提出两点质疑：一是津贴减少对中等收入者造成的冲击；二是这样分级别减少津贴的做法，是否会延伸到其他领域（例如教育），而这种做法是否违背公平原则。他认为，以中等收入2330新元为准稍显过低，并称朋友都有同感。对于很多公众对卫生部部长宣布的细节没有太过激烈的反对，该作者推想有些人对减少津贴引发的后果还没有完全了解，或低估了方案造成的冲击。为了确保方案在推出后不会发生怨声载道的反应，该作者希望卫生部设法让国人明白方案如何影响他们。

该作者同时认为支付能力调查的做法有违政府在向公民收取公共服务费用时应采取"一视同仁"的原则。他也对对话会中没有人对这种违反原则的问题提出质询深感意外。他也担心会成为延伸到教育、交通、住房等其他领域的先例。如果支付能力调查成功"闯关"，它或许会如同打开了一道"防洪闸门"。

很快，卫生部行政传播署署长就在3天之后投函报章回复，首先反驳支付能力调查会导致"病人需要负担的数额大幅增加"；并列举实例说明并不会如此。对读者提出的医院展开支付能力调查可能开启新原则，并延伸到公共住宅和教育等其他领域，卫生部回复解释，支付能力调查早就应用于公共住宅和教育领域多年。即使在卫生领域，也并非新的原则。同时表示，卫生部对公众的关注和担忧是敏感的，而且已安排一套能清楚明白地应对的方案。媒体可以协助传播这些正确的解答给读者，以免他们受到基于错

---

[1] 李顺福《支付能力调查违背了一视同仁的大原则》，载《联合早报》，2008年1月25日。

误信息的谣言的误导。①

李顺福针对卫生部的回复再次撰文，批评卫生部对文章里提到希望当局考虑把支付能力计算标准提高到中等收入以上只字不提，再次希望当局能认真考虑此建议。同时也对卫生部所言支付能力调查早就应用于公共住宅和教育领域多年表示不以为然，不能以此类比。②

卫生部行政传播署署长再次在报章回复李顺福，称其引用的数据不具代表性，并指责李顺福暗指卫生部之前对他的文章做出的答复是具误导性的。③

2008年2月9日，《联合早报》再次刊登读者邹万永的文章《对以"支付能力"收取医疗费之疑虑》，对收入调查如何进行、津贴差异造成的公民等级划分、对中高收入者的另类打压等提出疑虑，并认为政府一味提高收费或减少津贴，并非上策。提高医院的生产力、简化复杂的行政系统、去掉病房内的非必需品，才可节省开支。

4天之后，卫生部行政传播署署长在报纸回复该读者《支付能力调查让迫切需要者获得更多津贴》，称支付能力调查结果不会意味着医疗费将大幅增加。并解释公共医院就如公立学校和政府组屋，所提供的服务都是获得大量津贴的，在这类情况下，应用"支付能力调查"并不为奇，因为这能让政府把津贴更精准地用于迫切需要津贴的人身上，让他们比那些较富有者支付较少的

---

① 《联合早报》，2008年1月28日。
② 《联合早报》，2008年1月31日。
③ 《联合早报》，2008年1月31日。

费用。同时也对读者的一些建议表示赞同和认可，表示卫生部正计划提出一个简单、自动化的评估方法。

即便是在2008年3月公布了支付能力调查的详情之后，很快还是有公众表示质疑，在《联合早报》发表文章《新医药津贴制度的迷思》[①]，质问几个问题，包括：一、是否违背了医药支付能力调查的宗旨？高收入的病人住院费增加，低收入病人的医药费还是维持不变，表面上新制度让六成的新加坡人得到好处，事实却并非如此，只是医药费没跟着涨价而已。二、是否变相涨价？既然高收入病人多付的医药费未能惠及经济能力较弱的同胞，对于受影响的人来说，新制度等于是变相涨价。

卫生部在3月12日回复，《支付能力调查帮助低收入者得到津贴》，表示给予高收入者的津贴减少所省下的开支，将用于津贴低收入者。没有能力支付B2和C级病房收费的病人，可以通过保健基金获得额外资助。

议程设置完成之后，政府期望公众和舆论针对相关的议程展开充分的讨论，而这一讨论是在政府提出一定的框架基础之上，才符合政府引导政策的方向。在政策讨论、辩论的阶段，各方观点纷呈，从不同的角度猜测可能的方案，政府一方面可以充分获取不同背景的民意，采纳一些可能被忽略的细节，但另一方面，一些不切实际的推测、猜想甚至误导，同样也会在这个阶段出现，对于已经成竹在胸，或是大致方案已经形成的政策制定者来说，就需要避免议题偏离方向，继而影响最终的政策结果。

[①]《联合早报》，2008年3月8日。

正如前面所介绍的一些公众通过媒体提出的质疑，一方面，卫生部需要迅速反应做出回复，同时也要避免这种质疑的波及面扩大。除了行政传播署署长亲自回复外，卫生部部长许文远也在同一时间通过媒体表示，知道很多中等收入水平、有沉重经济负担的夹心层家庭都担心住院津贴将大幅减少，对新制度充满焦虑。他保证要是无法拟定一套公平的制度，将不会推行这项计划。因此，吁请公众不要对这套仍在拟议中的制度做出不必要的猜测，卫生部将继续展开多个对话会，收集意见，商讨政策的细节。

许文远也专门针对公众在《联合早报》的质疑，直接做出澄清，不会将疗养院的支付能力调查政策搬用到公共医院。公共医院将采用较简易和快捷的支付能力调查制度，确保不会耽误病人入院的时间。

网络意见也同样引起卫生部的重视。新加坡政府决定在公共医院推出支付能力调查的消息，在网上引起激烈讨论。一些网民的意见非常直接，抨击该政策，认为这是政府为削减医药开支使出的一种手段。

这些网络言论虽然比较分散，但作为一种民意的表达，不仅仅在网络上反映，而且在民间情绪中普遍存在。政府不能对这样的批评视而不见，卫生部部长许文远借助传统媒体直接针对网上的批评耐心地做出回应和解释。他吁请公众在做出任何结论之前，先看清楚摆在眼前的数据。卫生部用于病人津贴的拨款每年都在增加，并未削减拨款。接下来的三五年，拨款还将增加。与此同时，许文远再次介绍支付能力调查5大原则。

卫生部长的公开澄清和对原则的解释，获得了舆论的正面回应。《联合早报》专门发表社论《从公平分配到令人安心》[1]，指出"由于有关计划的原则和细节不明，因此很自然地引起公众诸多疑虑。政府前天所做的说明和澄清，在相当大程度上应该可以令人比较安心"。对于高收入者住低级病房，社论指出"只有在了解底细，掌握了这方面的详细资料之后，我们才能够做出更精确的判断。否则，一边倒地怪罪这些人占用了低收入病人的病房也是不公平的"。

通过在媒体公开回复公众的疑问、批评和质疑，一方面展示了政府重视民意回馈的形象，另一方面也有效地解释了政府的立场、看法和考量因素，在最大层面上争取了民众的支持与理解。

第五节
减压效应：逐步透露政策可能细节

一、让政策宣布像减压阀一样

复杂的政策在发布的过程中需要实施循序渐进的原则。新加坡政府也按部就班地对外透露政策的若干细节，同时间接回应民

---

[1]《联合早报》，2008年1月9日。

众的相关顾虑。对外透露的方式可以包括公开的记者会、领导人公开活动的致辞、参加活动时对媒体的谈话、对话会等等，只要有媒体记者出席，都会充分借助这样的平台。有时候，一些公开行程或社区活动未必会引起媒体的采访兴趣，但领导人准备借助活动机会对外发表政策动态，相关部门负责传播或公共事务的官员就需要提醒媒体，有另外的相关政策进展发布，以引起媒体前来采访的兴趣。

在逐步透露政策细节过程中，这样的传播策略能够使得民众和舆论按照政府设定的节奏逐条关注相关议题，而不会四面开花、混淆焦点。就像减压阀一样，一点一点地对外释放，外界也就很容易消化，否则复杂的政策细节会如潮水般蜂拥而至，成为巨大的压力，难以承受。

卫生部对外减压式逐步释放政策细节的方式之一，是通过部长出席对话会。这类对话会，参与者是极具针对性的群体，或是医务人员，或是基层领袖，而且公开的对话会也是媒体关注的焦点，虽然是数百人规模的对话会，但媒体的详细报道则能够扩大传播的范围和效应。

2008年1月初，许文远公开征求新加坡人对这个课题的意见，在10天之内亲自主持了3场大型对话会，分别与社区基层领袖、工会领袖、医疗专业人员等进行详细的政策交流，参与者超过1000人。通过对话，将政策的构想逐步对外发布，构成相对完整的政策概念。

许文远在2008年1月出席为医疗人员举办的"2008医疗保

健对话会"，在会上首次阐述实行支付能力调查的原则，并透露支付能力调查可能以病人的个人年均收入作为标准，决定他们在住院期间可获得多少津贴。如果没有工作，就可能以他们所居住的房屋类型决定津贴的多寡。

许文远所阐述的5大原则包括：1. 让病人保有选择病房的自由；2. 较高收入者津贴虽然较少，但医药费会保持在人们负担得起的水平；3. 鉴定收入的方式必须简单直接，比如通过税务局或公积金局查证收入水平；4. 会照顾没有收入的退休者或无业者；5. 会灵活处理那些"边缘个案"，没有任何病人会因为无法负担医药费而被拒绝治疗。

2008年1月13日，许文远举行"帮助低收入病人支付医疗费"对话会，与约500名基层领袖见面，聆听了他们对住院支付能力调查的意见，也发表了自己的看法。现场讨论热烈，有超过20名基层领袖积极发表意见，甚至排队等着发言。许文远在会上再次提出一些支付能力调查政策的初步概念，包括家庭主妇和退休人士大多可照旧获得目前所享有的政府津贴，只有那些住屋年值（Annual Value）[1]属于全国最高20%的会受支付能力调查影响。中等收入者以渐进式的标准，让他们能按收入水平，获得不同比例的住院津贴。高收入者则在入住C级和B2级病房时，最少享有65%和50%的津贴。

---

[1] 住屋年值是新加坡税务局征税的参照标准之一，定期评估居民的住屋价值，主要是根据住屋的潜在全年租金计算。

二、媒体实现放大器功能

媒体对对话会的内容进行详细报道，并且挑选多数公众比较关注的话题，将问答部分的内容刊登出来，实现"放大器"的功能，即便公众没有出席现场对话会，也能够了解别人关注的具体课题以及部长如何回应，达到共同分享政策传播的效果。问题涉及如何公平照顾有残疾孩童的家庭、收入情况改变怎么办、如何灵活处理那些需要"降级"的病例、如何不被高收入者滥用等等，话题具体、回答细致，通过媒体的公共传播之后，相当于卫生部部长举行了一场数十万人出席的对话会。

在通过3场对话会与1000多人逐步对外发布支付能力调查的相关政策要点后，卫生部部长许文远再度通过接受媒体专访的方式，从全盘角度总结。在2008年1月17日于《联合早报》刊登的专访中，许文远表示，支付能力调查的原则获得新加坡公众的认同，卫生部有信心能在1月底之前，对住院津贴的计算方式出台具体的标准。

由于具备了与1000多人对话的民意基础，许文远在专访中阐述政策时，就可以充分以民意为依据，作为论述的强力支撑。包括多数人认为在公共医院的B2和C级病房进行支付能力调查，是一个合理的政策，对高收入者来说，政府仍会继续津贴住院费，只是他们需要承担更多费用，许文远说具体举例说明，"当我在对话会提出这个构想，在场也有（高收入的）医生和律师，并没有人提出强烈的反对"。

原则既然获得公众接受，凝聚了共识，为消除公众的疑虑，政府就需要加快脚步，制定政策细节，避免错误信息误导或是对不明朗、不确定的政策感到担忧。政府也承诺，决定支付能力调查的住院津贴计算标准之后，还会继续与公众进行对话，说服更多国人接受，消除误解。

《联合早报》1月18日的社论《国人对支付能力调查已较放心》，再度提醒政策推行仍然面临不少挑战，虽然民众对支付能力调查原则比较清楚和认同，这并不意味着政策的落实将会非常容易。社论呼吁卫生部在拟定各种政策细节时，宁可多花一点时间，多听取和参考一些反馈意见，不宜因初步的反应顺利而仓促从事。因为，这一政策既影响民生，也影响民心，并没有仓促出台的必要。

第六节
"给糖哲学"：公共政策传播手法

一、公共政策也是营销

市场营销里有个经典的"给糖哲学"的案例。到店里买糖，总喜欢找某一个店员，因为别的店员都先抓一大把，拿去秤，再一颗颗往回扣。而那个受欢迎的店员，每次都抓不足重量，然后一颗颗往上加。其实两者没什么差异，但人们就是喜欢后者。

很多大公司也把"给糖哲学"用到人事管理上。

一个案例是，某家大型公司年终奖金以往最少发两个月，现在经济环境不好，不可能再有这样的好环境，最多只能发一个月，但管理层又担心这样的待遇会打击那些被宠坏了的员工，影响士气。怎么处理最好？于是最高管理层授意先放出小道消息："由于业绩不佳，年底要裁员，有些部门可能整个裁掉。"

谣言迅速产生滚雪球效应，员工普遍心情低落、人心惶惶。在一片惶恐之时，总经理忽然正式宣布："公司虽然艰苦，但大家曾经同舟共济，不论多么艰难，也不能牺牲打拼的同事，只是年终奖金今年很难再发了。"听说不会裁员，人人心头大石落地，工作有保障，年终奖金没有就不算什么了。

几天之后，董事长再次召开紧急会议，各部门主管忐忑不安地出席。会议结束之后，公司上下都在传播好消息：还会有一个月的年终奖金，马上就会发给全体员工。全公司一片欢呼之声！

其实这是公司高层的"给糖哲学"的预定方案，通过心理情绪和期待值的掌控和管理，让员工做出最坏的打算，然后不断往上增加糖果。最终员工反而感恩不已、士气大振。

公共政策的营销也是如此，每个人都有自己的期待值，当他们对政策给自身的影响做好最坏的打算时，任何政策制定者的额外增加的甜头都会成为惊喜，从而得到民众的支持。这些都需要施政者从被影响的对象的角度和心理出发，从而能够展现出更柔和、更容易被接受的政策与作为。甚至可以采用一些策略性的做法，先以讨论式的放风，让民众做好最坏的准备，然后再进行增量调整，从而获取最大的政治支持。

在支付能力调查的政策实施过程中，新加坡卫生部就采取了类似"给糖哲学"的公共政策营销方式。因为该政策直接影响住院津贴，如何划分中高收入和低收入群体，收入门槛的那道线应该划在哪里？就成为最为关键的问题。

2008年1月15日，卫生部部长许文远首次针对如何划分中高收入和低收入群的问题做出比较明确的表态，他在与250名工会领袖就支付能力调查课题进行对话时提出一个收入标准，即以2330新元人均月收入作为划线标准，月收入低于这一数额的公众所享受的住院津贴不受影响。

这一标准公布之后，就有读者在报章发表评论，认为以中间收入2330新元为准稍显过低，并称朋友都有同感。而这样的看法在民间十分普遍，很多人认为，这样一来，支付能力调查政策将对更大多数的人产生直接影响。

经历了多轮的对话会以及通过媒体与公众的互动沟通，到2008年3月3日，卫生部部长在国会宣布，住院支付能力调查制度从2009年1月起生效。跟以前将月收入2330新元中间数作为津贴划分标准不同的是，这道门槛提高到了平均月收入在3200新元，也就是在这个收入线以下的新加坡人，将可继续享有原有住院津贴标准。收入高于这个水平的病人所获住院津贴会相应递减，即被归纳为高收入阶层，月收入超过5201新元的病人，入住 C 级病房的津贴比例仍有 65%，住 B2 级病房则有 50% 的津贴。

将分界线设得比原先猜想的水准更高，意味着约有六成新加坡人可获得的住院津贴保持不变。可以说对大多数人来说，是意外的惊喜。这正是"给糖哲学"在公共政策传播中的妙用，也使得这样的政策宣布很快就获得赞扬。即便反对党质问，卫生部部长在 2006 年大选时曾表明短期内不会推行住院支付能力调查，为何现在又决定推行这个制度。许文远的回应其实并没有太大的说服力："我当时（回应媒体询问时）指出，我预期不会在第一年推行。当时是 2006 年，第一年理应是 2007 年，现在已经进入第二年 2008 年，而我现在决定在 2009 年 1 月推行这项经简化的制度，这跟我在大选时的言论并没有矛盾。"但是民众的焦点已经放在新的界限提高这件事上，并为之而感到意外和欣喜，反而没有把部长是否改变选举中的承诺当成重要的事情来讨论。

媒体对一些中等收入家庭的采访后都发现，他们欢迎 3200 新元的新界限。《联合早报》也在 3 月 5 日发表社论"支付能力调查定案让人放心"，称比原来倡议的宽松许多，相信大部分受薪人士也较能接受或支持这个方案。社论因此赞扬当局确实相当敏感地体察到民众的感受和反应。卫生部的调整，也不能被理解为迁就民众或舆论的压力，而是一种协商与妥协，这是更能被民众接受的行事和决策过程。

支付能力调查政策巧妙地运用了公共政策传播的手段，把握节奏，了解民情民意，并主导社会议程，适时地分步分阶段释放信息，让受众一步步消化。"给糖哲学"的运用，更使得原本心存不满的民众心理转化为欣然接受。

美国耶鲁大学公共卫生学院布莱德利（Elizabeth Bradley）教授认为，通过支付能力调查决定津贴数额的做法总是充满了争议，但是从节省医疗支出的角度考虑，完全可以理解。"昂贵的医疗保健开销需要政府实施各种措施，保证医药津贴用在刀刃上。通过支付能力调查，决定津贴额，是政府应对不断上涨的医疗保健开销的方法。"但布莱德利也指出，实施支付能力调查，存在着其他问题，除了由公平性引发的讨论和政治层面的考量，更重要的是如何妥善地实施支付能力调查，不然可能引发一连串的社会问题。[1]

因此，支付能力调查除了医药政策改革之外，还涉及政治层面和社会议题的敏感性。不能纯粹从医药政策的角度思考问题，而是牵一发而动全身。

2008年3月28日，新加坡国务资政吴作栋就对主导支付能力调查政策的许文远大加赞扬，认为他具有预见问题、制定解决方案，以及把复杂政策向内阁同僚、国会议员和人民解释并说服他们的能力。除了制定出一套相当复杂的医药解决方案外，许文远同时还要使人们明白，并让他们变得比较能接受这项政策。吴作栋更盛赞许文远是新加坡有史以来最好的卫生部部长。[2]

---

[1]《联合早报》，2009年6月14日。
[2]陈颖佳《吴资政：许文远是最好的卫生部部长》，载《联合早报》，2008年3月31日。

二、不是每个政策都适合"给糖"

"给糖哲学"虽然可以取得好的效果，但难免会引起一些看透政策手法的人士公开点明。有些批评者就指出住院支付能力调查，部长原本是从很低的起点考虑个人收入上限，后来提高到2000多新元，最后的决定是3200新元。其实是事先早就已经有了方案，只不过是不断放风，留有余地。

针对这些批评，新加坡总理李显龙如此分析许文远的策略："这是部长的作风，他的方法。如果他先从3000新元开始，谈到最后变成1500新元，我想人民不会接受。因为人们总是希望讨论了之后，有一点妥协。所以，如果合理的话，我们可以调整。"[1]

不过，李显龙在认可这种"给糖哲学"的同时，也清楚不是所有政策都能够采取同样的方式。他举例说，有些政策，内阁商讨后还是觉得不得不按原定计划办事。以消费税来说，2007年从5%调高到7%，很多人认为最好慢慢来，一步一步调高。但是，李显龙的态度是消费税总是不讨好人的，如果要调高，最好是在经济增长强劲、繁荣昌盛的时候去做，因为这比较能让民众接受，而政府也较有能力实行各种帮助人民的缓冲措施。他宁愿调得比较快，同时采取多一点缓冲措施。如果调整得比较慢，幅度较小，政府所推出的缓冲措施就没这么慷慨和及时。同时，过了一年，大环境可能改变了，要调整税制，不一定办得到。所谓夜

---

[1]《政策须适应新环境 李显龙总理访谈全文》，载《联合早报》，2008年4月13日。

长梦多。

　　因此，不是每一项政策都应该采取同样的决策和传播方式。需要根据政策的不同特点以及民众可能产生的反应，然后做出快速或是按照节奏进行的决策。

新加坡
公共政策传播策略

第五章
最接地气：打造年度最重要政治演讲

"中等收入家庭购买四房式组屋时，将可另外得到高达2万新元的津贴，这是一笔不小的数目，而目前他们已获得为数不小的津贴。让我解释它是如何运作的。我来充当你的房屋经纪人，但没向（国家发展部部长）许文远领取佣金。"

——新加坡总理李显龙在2013国庆群众大会上演讲，解释政府新的购屋津贴政策，风趣的话语引起观众大笑。

第一节
总理演讲：最佳公共政策传播平台

2004年5月14日，到访中国的新加坡副总理李显龙，获得中国方面以超出一般接待副总理的规格接待，一天连续4场同中国国家领导人进行会谈，包括国家主席胡锦涛、全国人大委员会委员长吴邦国、总理温家宝以及副总理吴仪。

根据新加坡《联合早报》驻北京特派员的描述，在李显龙和吴仪会谈进入正题之前、记者还在会议厅里摄影时，两人使用华语谈笑风生、毫不做作，直接地一来一往。当吴仪调侃地说李显龙"越来越成熟""步步高"（即将接任新加坡总理）时，李显龙打趣地直接以"高处不胜寒"回答。

这段逸事充分显示李显龙在和中国领导人交往时，扎实的华文功底为双方带来的润滑剂的作用。但与此同时，"高处不胜寒"确实是一个国家执掌大位者所面临的挑战，如何不与底层脱节、如何与普通民众保持密切互动，或者用句当下流行的表述——如何"接地气",才能够避免被高高在上地供上神台,放在"不胜寒"的高处。

一、政治传统成为政治最大看点

1965年8月9日,新加坡脱离马来西亚独立,8月9日也因此成为国庆日。建国总理李光耀自1966年开始,每年8月都会举行一场国庆群众大会,亲自上阵发表长篇演讲,这已经成为新加坡的一个重要政治传统,一向被视为新加坡政府最重要的政治演讲之一。

一国总理的演讲,自然会引人关注。但作为演讲人来说,每年一次、每次好几个小时的长篇幅的演讲,要达到说明政府的政策考量的效果,又要注重演讲技巧和呈现方式,生动活泼,不让观众感到疲惫和犯困,是既考验政治功力,又考验个人魅力的。

正因为如此,由李光耀建立起来的国庆期间总理演讲的传统,已经成为每年新加坡政治的一大看点。虽然目前新加坡只出现了李光耀、吴作栋、李显龙三任总理,但是未来的新加坡总理也必然要具备演说的能力和魅力,这几乎已经成为总理的基本功和必备的条件,否则难以赢得国民的亲近和认可。

对于中国来说,新加坡总理的国庆群众大会提供了诸多可资借鉴的地方,如何深入浅出地表达观点、如何使用可视化与可读化的呈现方式、如何使用鲜活的语言，最重要的是，如何通过演说，有效地实现传播政策和争取民众理解和支持。由于新加坡的多元种族、多元文化的社会特色，新加坡总理的国庆群众大会演讲，采取英语、华语、马来语三种语言已经成为标准作业模式。马来语和华语，主要是针对马来族群和讲华语的华人族群，涉及特定社群尤为关注的议题，比如语言、母语教育、族群文化等。英语则是演讲的主旨部分，针对全体新加坡人的共同利益，涵盖外交、经济、文化、民生等广泛课题。

国庆群众大会演讲的准备工作费时费力，一般每年的国庆群众大会结束后不久，便开始需要构思下一次群众大会演讲的主题，并根据政策的目标和社会的动态反应做出调整。年底时，总理会向各部门的部长和常任秘书收集资料，了解他们所要推行的新政策。到了5月，总理的新闻秘书和其他官员就会协助把各政府部门所计划实行的新政策与措施、所收集到的民意都整理出来，然后拟定一些题材。到了6月的时候，就需要为8月的演讲起草稿，到了国庆日，演讲内容大致上已经成型。由于需要使用英语、华语、马来语演讲，因此，不论是李光耀、吴作栋还是李显龙，尽管日理万机，都还是会在演讲前像用功的学生一样，加紧练习，接受语文老师的指导，勤练语言。同时，新闻秘书和其他新闻官或官员，也会扮演听众，针对演讲时的用词和语气提供反馈和意见，然后演讲者进行相应的调整。

2004年是李显龙接任总理之后的首次国庆大会演讲，对他来说，那是首次对全体新加坡人的一次完整亮相，因此，演讲的风格、内容、呈现方式都具有特别的意义。他的第一个国庆群众大会演讲，历时3小时15分钟，他特意身穿深红色长袖衬衫，以"清新、大胆"的新作风出现，在严肃的课题中注入幽默和有趣的小故事，现场不时爆发笑声，取得了极佳的传播效果。

李显龙接任总理后的首次演讲，甚至让一些民众有"一夜解禁"的感觉，因为在演讲中李显龙吁请新加坡人随着时代和局势的改变，不断检讨既定的做法和思考方式。而他也主动为过去一些已经"盖棺论定"的课题"翻案"。包括公共服务部门实行5天制、让女性公务员享有跟男性公务员一样的子女医药福利、在所有地铁站设置多种语言标志和放宽举行演讲和展览的执照条例。过去，一些民众和议员都曾争取放宽这些条例，但是都被政府拒绝。

二、成功借助演讲确立形象

李显龙成功地借助一场演讲确立了自身开明、亲和、风趣的接地气形象。在当地媒体进行的演讲反应跟进报道中，有基层的民众俱乐部青年团主席认为："他以很幽默和平民化的方式解释了几个重大课题，而且照顾到每个阶层，很切身，不会给人高高在上的感觉。"理工学院商学系的一位学生则认为，李显龙的演讲让独立后出生的人民，对接下来他的领导方向有一个较清楚的概念。执政党的议员洪茂诚认为，李显龙在演讲中多次用很浅白及很直接、能让人民容易理解的例子来加强他的说服力。而李在一般人的印象中,是比较严肃和保守的人,但是他在演讲中的基调却显得非常开放。①

李显龙在演讲中对过去许多被否定的建议,给予正面的回应,也获得民众认可,认为这显示新总理看到世界的演变,深知政府及新加坡人需要对旧问题重新思考、对旧问题做彻底的检视后予以更合时宜的方案和选择,也显示出他领导的第三代领导班子是亲民的,愿意听取民意。

在其演讲之后,新加坡《联合早报》进行了一次全国性抽样调查,显示有九成以上的新加坡人认为李总理的演讲具有说服力、不沉闷和容易理解。②执政党的一位议员如此评价:"总理的演讲非常好。他给人非常诚恳的印象,非常贴心,我认为他被人民很好地接受……这对总理来说,是一个很好的开始,我觉得人民现在更加认识他。"③

许多电视观众在观看演讲时,还发现李显龙能以深入浅出的语言,以及生动有趣的例子及个人的经验,表达他的看法与感受。一名观众就说:"虽然新加坡人大多都能听懂英语和华语,但是如果李总理运用的语言过于深奥,就难以同人民沟通。说起道理来,也不会那么有说服力。"

约有九成的新加坡人也对李显龙在演讲时所体现的个人形象留下好感。他们认为李总理关怀人民、具有诚意并充满信心,也

---

① 《联合早报》,2004 年 8 月 23 日。
② 《联合早报》,2004 年 8 月 29 日。
③ 《新明日报》,2004 年 8 月 23 日。

第五章
最接地气：打造年度最重要政治演讲

不会给人一种高高在上的感觉。

当晚有66%的国人通过电视直播观看演讲，人数达到164万。收视率之高，在新加坡的电视节目之中实属罕见。因为即使是一些热门的特备节目或非常受欢迎的连续剧，也没拥有超过百万观众的。难得的是有1/5，也就是约33万人，是从头到尾听完3小时15分钟的演讲的，其中包括马来语、华语和英语演讲。

如果把观众分为1965年独立前和独立后出生的两组，会发现在独立前出生的新加坡人，有70%观看李显龙的演讲，独立后出生的则有61%。独立前出生的国人，有23%看完整个演讲，而看完全场的独立后出生的新加坡人只有15%。显然，独立前出生的新加坡人，对李显龙的演讲更感兴趣。这也显示年轻一代的新加坡人对政治人物的关注度和关注方式与上一代有较大的差异。

李显龙在演讲中展示出来的对华语的掌握能力，也让他赢得了新加坡民众的赞赏，观众们也给予很高的评价。四分之三观看华语演讲的观众认为他的华语非常流利。

而李显龙以马来语发表国庆群众大会演讲，让马来社群感到既惊讶又亲切，反过来也刺激他们表达对马来社群年轻一代无法掌握马来文的担忧。[1]

---

[1]《联合早报》，2004年8月24日。

第二节
政治演讲：展示沟通接地气能力

一、演讲成展示新意和创意的平台

每年的国庆群众大会演讲，也成为新加坡总理展示新意、创意和用心的平台。2014年8月17日的国庆群众大会，李显龙首次邀请他的社交媒体"粉丝团"出席。为了准备2014年的国庆群众大会，李显龙甚至首度尝试新的叙述方式，亲身上阵当起记者，访问了3名吉宝企业的员工，在演讲时播放他之前与这些员工访谈的视频，以这些案例说明即使不追求文凭，只要不断提升技能与知识，仍能在各自领域有一番成就。这一呈现方式引起了观众的巨大共鸣。

2013年是李显龙担任新加坡总理以来的第10次国庆演讲，同往年一样，他采用了丰富的多媒体技术辅助其演讲，图文并茂，配合视频，配合其主题，引述了一个个新加坡人的鲜活故事作为例子，让听众更有贴近感。

如果要概括新加坡总理群众大会演讲的特色的话，大致包括以下几个方面：

1. 平实、生活化的语言风格。演讲文辞中避免官样文章和套语，演讲的对象是现场数百名政治人物、社区领袖、商会组织以及学术机构、传媒的代表等，更大的观众群是通过电视直播接收的普通新加坡人。因此，语言风格除了影响到演讲的效果，也是展示总理在与民众沟通时采取何种姿态的直接平台。

无论是李光耀、吴作栋还是李显龙，他们在演讲中表现得就如同一个人生经验丰富的同事或是邻居，在和观众分享他对社会的观察，用拉家常的方式讲出大道理。

2. 大量使用生动、实际的事例。在准备国庆群众大会演讲时，新加坡总理公署的工作人员都会通过不同的渠道收集生活中的实际例子，用以佐证和说明总理演讲中提到的一些现象、观点，听众对这些来自自己身边的真实事例或人物故事，能够产生共鸣，更加拉近总理演讲与民众的距离。

3. 运用多媒体呈现手段。演讲不仅仅是语言技巧的体现，多媒体的图表、照片、视频能够非常有效地辅助演讲内容。

与中国的全国人民代表大会上总理向人大代表做政府工作报告不同，新加坡总理的国庆群众大会演讲并不是正式的政府对议会的问责报告，但其中的内容却往往是新加坡政府相关部门即将推行的新政策的基础和信号参照。

贵为总理，在演讲的时候能够注重语言风格、善于利用多媒体手段辅助、列举普通民众的故事，以及善用方言说些俚语笑话，风趣生动，达到了极佳的政策传播效果。新加坡的部长或高官同样也常常效仿，千篇一律的官话套话以及僵硬无趣的数据罗列，是很少在新加坡的演讲中听到的。

贴近民意的语言、生动活泼的方式，体现的是和谐的政民关系和官民关系，也继而形成了新加坡政府领导人的公共政策传播策略，政府领导人已充分掌握接地气的沟通技巧和能力。

每一次的国庆群众大会演讲，除了呈现内容的方法、技术手段和媒体平台要展示新意之外，有时还需要在演讲架构的安排上推陈出新，同时也传递某种政治信息。

2012年8月26日的国庆群众大会，李显龙就打破以往的常规，第一次邀请其他部长和政务部长在他的演说之前轮流发言。被视为新加坡第四代领导核心成员的教育部部长王瑞杰，教育部兼新闻通讯及艺术部高级政务部长黄循财，以及社青体部政务部长哈莉玛三人在李显龙的邀请下，首次在下午6时45分至7时30分之间发言。李显龙则在晚上8时才开始发言。

2012年的国庆群众大会，收视率创新高，共有超过150万9000人通过新传媒集团的各免付费电视频道，观看现场直播的群众大会，聆听总理和3位部长的演讲。新加坡的报章记者在演讲次日走访中央商业区一带，访问了近40名各年龄层的新加坡人，多数的受访者认为，李显龙的演讲非常感人，让他们听了之后，会去思考一些问题。其中，最多受访者赞扬李显龙"不怕被人抨击"，说出了一些新加坡人不好的心态和行为，提醒别做"丑陋的新加坡人"。受访者说，这些都不是"受欢迎"的话题，但他们很庆幸，在2011年大选之后的政治气候下，李显龙依然尽他的责任，语重心长地"点醒"新加坡人，而没有选择只说一些"人民爱听的话"。

2013年国庆群众大会在8月18日举行，在筹备之前，李显龙充分借助社交媒体与国人互动，通过透露话题、打破神秘的方式，激起民众的兴趣，始终把握议题的方向。

6月26日，李显龙在脸谱网上宣布，当年国庆群众大会的场地将舍弃过去12年来使用的国大文化中心，改在位于宏茂桥的工艺教育学院（ITE）总部兼工艺教育中区学院举行。李显龙说："这个美丽的新校园体现了新加坡致力于投资在我们年轻一代的身上，培养每一名国人，让他们发挥最大的潜能。"

7月30日，李显龙在自己的脸谱上透露，正忙于准备国庆群众大会的稿子。他说："除了在全国对话中所提出的问题，我也会谈到我们可以如何一起把新加坡打造成更美好的家园。"帖子引起了网民参与讨论的热情，在不到一小时里就吸引了近2000个"赞"，并有约150个跟帖。不少网民列出愿望清单，包括降低组屋价格、拥车证和医药费等，还有关注学前教育及使新加坡人更有归属感等，希望李显龙在演讲中谈及这些话题，并出台实际的政策。

二、让民众熟悉领导者的声音、风格

李显龙演讲的趣味、生动以及他随和的个性，都通过电视屏幕的公共传播平台呈现在新加坡观众面前。

在新加坡，领袖与民间的接触非常频繁。在自己的选区与选民保持密切关系自然非常重要，直接关系到选民对自己的印象。很难想象，一个选民会把选票投给一个从来没有听过对方声音的候选人，无论这个声音是在竞选集会还是当面访问中听到。新加坡每年 8 月固定的总理国庆群众大会演讲，除了一些新政策、新想法的宣布之外，做总理的，通过这种方式，用自己的声音、用自己的特色，向民众阐述自己的想法，并且基于演讲的效果考虑，还要设计一些桥段，让演讲的内容和信息更轻松地被观众接受。也正因为如此，大部分新加坡人对于历任 3 位总理的声音和言语风格都非常熟悉。

这种传递自我的声音的方式，是公共政策传播的需要，也是政治人物拉近与普通民众距离，更有效说服民众的手段。

第三节
政治演讲善用新媒体传播

一、借助新媒体扩大接触面

国庆群众大会不是一个保守的政治宣传大会，而是要展示领导层与时俱进、掌握新潮、流行脉动，同时通过新媒体加强与民众接触的功能。

2006 年，民意处理组首次设立手机简讯频道，收集各界民众的意见。公众可以将演讲所谈论的最重要课题、被忽视的课题以及个人获得哪些启发等反应，用手机传简讯发给特设的简讯频道。2007年则推出以中文发送手机简讯，针对李显龙在国庆群众大会上的演讲内容发表意见。

2007年，民情联系组推出"电子民众大会"（E-Townhall），公众可事先登记，在8月21日晚上7时30分到9时，与教育部政务部长吕德耀和许连碹在网上谈论他们对李显龙演讲内容的意见。

2009年的国庆群众大会在新媒体上引起热烈回应，成为推特上排名第五的热门话题。对网民的讨论的统计，就可以观察民意对演讲中所提的公共政策的看法与倾向。在3个多小时的国庆群众大会中，"NDRSG"（新加坡国庆群众大会的英文缩写）这个课题共"推"了超过4200次，种族与宗教和谐、人口老龄化与医疗保健、赡养父母的相关法令等部分，是那3小时内最受欢迎的新加坡讨论课题。

当年李显龙在演讲中花了最长篇幅谈论种族与宗教和谐的课题，在网上引起热议。一些网民认为李显龙总理在这个部分所花的时间过长，并质疑这是否是新加坡人目前最关心的问题，认为他应该在演讲中花更多时间探讨外来移民等问题。也有不少网民认为，此时将焦点放在种族与宗教和谐上再适时不过，特别是在近来世界多个国家和地区频频发生因种族与宗教问题而造成的不幸事件，而新加坡在不久前也出现了妇女行动及研究协会（AWARE）争端，政府此时更有必要呼吁国人维护新加坡的种族与宗教和谐。

除了讨论热门话题外，不论推特、脸谱网还是其他网上论坛的用户，普遍对当年群众大会未分发"花红"有些失望，而对于市区重建局所呈献的多媒体影像、展现滨海湾的未来新景观，都感到兴奋不已。

2010年，在智能手机刚刚开始流行之时，当年的国庆群众大会就首次把国庆群众大会演讲内容"装进"智能手机里，习惯使用电脑的民众也可上总理公署网站通过特设的网站同步收看演讲的网上直播。为增强国庆群众大会的互动元素，公众可以 #ndrsg 为标签，即时将观后感发到推和脸谱网上的活动网页。李显龙的全部演讲也放到 YouTube 和新加坡总理公署网站上。

2014年的国庆群众大会演讲，除了传统的电视或电台的现场转播外，新加坡政府也善用流行的各类社交媒体，比如在YouTube 视频网站开设的新加坡总理公署专门频道同步进行网播（Webcast），并为有听力障碍者提供手语翻译。而李显龙自己的脸谱和推特网页则同步即时更新内容。

二、直接掌握民间反应的测温计

运用新媒体以及通过新媒体掌握和了解民众对演讲的反应，是测量新加坡总理政治演讲在民间反应的一个测温计。一方面，总理的年度政治演讲可以通过新媒体的平台达到最大的传播范围，这本身就是演讲的目的，让更多的民众直接听到总理的声音以及政府最高领导人对社会各类课题的看法与解读；另一方面，可以直接地获得新媒体的使用者对演讲的反应和观点，作为民意反馈的一个重要渠道。

这些民间的反应通过新媒体来表达，不会经过中间环节的筛选，原汁原味、直截了当，有的可能言之有物，有的可能尖锐批评，有的可能指桑骂槐，有的可能忠言逆耳。作为政治人物，可以了解民众对全盘政策的看法，对总理表现的评判，对民众素质的判断，有则改之，无则加勉，因此成为直接掌握民间反应的测温计。

为了让读者能够直接感受新加坡总理国庆群众大会演讲的风格、形式，话语模式、遣词造句的方式，特附录 2013 年李显龙在国庆群众大会的演讲全文，看他如何阐述公共政策，解释政府的想法，分享社会发展的现实优势和缺点，赢取民众的理解与支持。

附录：
李显龙国庆群众大会演讲全文2013[1]

晚上好，希望你们在工艺教育中区学院参观校园、与学生交流的过程愉快。我把国庆群众大会带到这里，是为了一个重要的目的——突出我注重长期在每个人、每个新加坡人身上投入资源，让他们充分发挥潜能。与此同时，我要借此传达一个信息：这次的国庆群众大会非比寻常。

新加坡的发展到了一个转折点，我今晚会谈到我们面对的挑战，以及应该如何做出改变，以便在这个发展和建国的新阶段，对新挑战做出回应。

我去年提出打造我们未来的关键——希望、心灵和家园。自那时候起，我们举行了"我们的新加坡对话"（Our Singapore Conversation，OSC），以形塑更美好的新加坡。全国对话是个向新加坡人伸出触角的创新方法，它没有预先设定议程，是完全开放的讨论。

整个对话过程取得非常正面的回应，吸引了接近5万人参与，涵盖多元群体，包括聚集在裕华小贩中心的年长居民。

---

[1] 全文转引自《联合早报》，2013年8月19日，以及新加坡总理公署网站：李显龙总理2013年国庆群众大会英文演讲 Prime Minister Lee Hsien Loong's National Day Rally 2013（Speech in English），http://www.pmo.gov.sg/mediacentre/prime-minister-lee-hsien-loong's-national-day-rally-2013-speech-english。

傅海燕（裕华区议员、总理公署部长兼环境及水源部兼外交部第二部长）召集了他们，让他们以方言进行讨论。他们欢度了快乐时光，也对有机会表达心声感到欣慰。

此外，艺术与文化社群也表达了观点。有学童画出他们对新加坡的憧憬，透露他们希望长大后看到一个怎样的新加坡。大家分享了心目中家园、心灵和希望的含义，也表达了对新加坡发展的愿景。

第一是"让社会充满机遇"（Opportunity），有充分机会充实生活、发挥潜能。

第二是"同心同德，殊途同归"（Purpose），大家携手打造更美好的新加坡。

第三是"让生活得到保障"（Assurance），满足基本需求，确保个人不会单独面对生命中的不确定因素。

第四是"互相扶持，不离不弃"（Community Spirit），促进社区关系，加强社会凝聚力，构建更浓郁的甘榜精神。

第五是"互信互重，有所担当"（Trust），加强政府与人民之间的互信，以及新加坡人之间的信任。

全国对话展览会总结了这些主题，希望你们刚才有机会浏览到这个礼堂外的展览。

我不久前同全国对话委员会成员、协导员和义工茶叙，感谢他们的付出。我问他们最重要的收获是什么，他们说，是开放的精神，参与者意识到其他人的观点与自己未必相同，甚至有冲突。他们体会到有必要调和并尊重不同的意见，同时尽可能找出达成共识的方法。有些时候,他们懂得求同存异。

全国对话是个非常有意义的运动,我们在这个过程中聆听了对方的意见,也共同为讨论和规划我们的未来打下更坚实的基础。我要感谢全国对话委员会成员、协导员、义工和参与者所做出的贡献,非常感谢你们。

世界时局　不断变动

要落实我们的愿景,我们不能无视世界局势。这是个变化迅速和充满变数的时代,我曾经多次提及这些趋势,因此我只会简短举出一些有关科技、全球化和收入差距的明显事实。

科技正在改变我们的生活。我今晚在讲话时,许多人正在拍照、发推特短信、更新脸谱页面和Instagram(照片分享软件)。不只是社交媒体,我们也有3D打印,它不只可以复制机械零件,也能够复制模型、玩具、枪械、身体部位、器官,以及能够改善我们生活的东西,如医药仪器。打个比方,新加坡科技研究局可通过3D打印,复制骨组织支架。如果你拔牙后在牙龈留下一个大洞,牙医能够植入一个支架,让骨头重生并让牙龈更好地愈合。尽管与"电子改造人"(bionic person)仍有一段距离,但我们似乎正朝那个方向迈进。

人工智能同样有深远的影响,它能够完成以前只能由人类完成的工作,不只是在生产线上置入晶片,而是取代高技能和专业的工作,例如会计、法律咨询和放射分析师。过去,我们需要付高额的薪酬委任律师、医生或会计师,现在则需把一些工作交由电脑处理,这对从事这些工作的人是可怕的。

除科技带来的竞争,我们也面临新兴经济体的竞争,包括中国、印度和越南。中国和印度一共雇用超过10亿名工人,以及每年有1000万名新毕业生,他们都非常饥渴、积极地找工作。有个参加上海全国对话的年轻专业人士说:"我以为我能轻易地在中国生存,但是我错了。"

幸好其他全国对话参与者表示,在新加坡学习华语对他们旅居中国非常有帮助,尽管他们在求学或参加小六会考时可能不喜欢学华文,但他们工作时就能感受到华文华语的价值,对当时被迫学习华文华语心存感激。

不仅面对各方面的竞争,我们也目睹了收入差距加剧、中等收入阶级停滞不前的情景。那些拥有独特技能的人,在各国都很抢手,他们大有作为。

这些人不局限于资讯科技业或金融服务业,也包括体育和文化。例如足球员罗纳尔多(Cristiano Ronaldo),他上个月到裕峰中学时受簇拥,他在全世界有很多粉丝,包括6000万脸谱粉丝、2000万推特粉丝。与他相比,我是"小巫见大巫"。

不过,不是每个人都那么有才华或那么幸运,而必须更为努力。与以前相比,他们的工资没有增加多少,工作保障却有所减弱。

很多新加坡人深受这些国际趋势影响,他们觉得前景不明朗,也颇为焦急,因为科技和全球化正扩大收入差距。

此外,国内社会压力也很大。不仅人口老龄化、社会分层更多,社会流动性也在削弱。成功人士的孩子更有可能取得良好的表现，跟过去相比，更少较低收入家庭的孩子有机会往上提升。这是事实，我们必须承认并面对，我们必须竭尽所能做出一些改变。

加上生活费和公共交通等日常所面对的问题，更是让许多人喘不过气来。

新加坡人正确地意识到，我们的国家处于一个转折点。我明白你们的担忧，并向你们承诺，你们不会独自面对这些挑战，因为我们会同舟共济，找出在新环境里蓬勃发展的新方法。

在过去的一年里，我和同僚苦苦思索，什么治国方针对新加坡有效？我们该做出什么改变？我们该如何继续繁荣昌盛？

通过"我们的新加坡对话会"过程和对话会带来的反思，我们收到许多人相关的宝贵意见。他们针对我们目前的情况和对国家的期望发表看法和感想，也给予我们信心去架设新的前进之路。

现在我们必须在建设国家方面采取战略性的改变。

新加坡是建立在个人、社区和国家这三个支柱之上的，而每个支柱都有它扮演的角色，有互补作用。

个别国人努力工作，为自己和家庭储蓄。不论是工会还是志愿福利团体，社区把人们集合起来帮助其他社群；不论是商会还是宗乡会馆，每个组织聚集起来，相互支持。

从全局来看，政府创造促进蓬勃经济和良好工作的条件，在教育、住房和医药方面，为国人投入大量资源，同时确保国家福利开销低而且具有针对性，审核标准严格。

有些人说这是"严厉的爱"，但这种"严厉的爱"很有效。

今天情况变了，如果我们过度让个别国人靠自己努力，他的力量是不够的，尤其是弱势群体，如低收入家庭和年长者。

有些事情是个人无法独自办到的，而有些事情是要大家一起努力才会做得更好的。

因此，我们必须转移平衡点，社区和政府必须更努力帮助个别新加坡人。

社区有能力也必须采取主动，组织和动员大家解决问题，把事情办好。

住房教育医疗　做出政策改变

正如新加坡开国元勋拉惹勒南多年前所说，我们必须是个"采取行动的民主体制，而不是只说不做的民主体制"。

政府也会给予个别国人和社区更多支援。我们以往做的，现在会继续做下去，为人民提供主要的公共服务，也就是住房、教育和医疗。

可是我们同时也将在政策上做出三大改变。

首先，我们将进一步让每名国人能平等分享国家取得的成果。通过让低收入国人拥有房子的住房计划，增加他们的收入和财富。

其次，就是加强社会安全网，以向国人保证，无论他们发生什么事，都能获得所需的社会服务，尤其是医疗照顾。

最后，就是更努力让所有人有提升自己的通道，继续让我们的社会具有流动性，让每个孩子都能有一个好的起跑点。确保不论是在较幸运的家庭或较不幸的家庭出生的孩子，都不会被排除在制度外或失去提升机会，尤其是通过教育。

这些是三大战略性改变：

一、让人们提升自己；二、分享风险，确保无论你一生中出什么事，你都不是孤身应对；三、保持制度开放，具流动性。这样一来，只要你有才华而且肯努力，你就可以向上提升，向前迈进。

我们将逐步在所有社会政策中做出这些改变。

今天晚上让我谈谈住房、医疗和教育三方面，再加入一些细节，这样你才会明白我们打算做什么。

新加坡之所以成功是因为人人都能分享进步的果实。人民的收入全面增长，住房的价值上升，即使贫困的人也并不贫穷，根据任何国际标准来衡量都是如此。如果你以收入最低的20%家庭为例，这大约是20万户家庭。这些家庭中每一户平均都有20万新元的净资产在他们的组屋中。

这户家庭可能拥有这间组屋，可能已经完全偿还完房贷，也许还没有。如果还没有，就将尚未偿还的房贷扣除，剩下的就是在他名下的绝对资产。这平均是每户家庭20万新元，全球没有其他地方做到这一点。我们做到了公平增长，并广泛分享进步的果实。

不过，如今维持平等变得更难，因为收入分布已扩大。我们不全是罗纳尔多，但我们有些人能够表现得和罗纳尔多一样好。所以，政府必须更多地介入，以确保我们的社会维持公平和平等。

组屋是宝贵的"储备"

事实上，我们近年来已经在这么做。不是明天才开始，近几年已经开始了。就业奖励计划就是重要的第一步，我们也有永久性的消费税补助券，有特别就业补贴计划。这些都已制度化，成为社会政策的一部分。我们会在这些基础上，为不幸人士提供更多帮助，只要你本身也竭尽全力。

住房目前是，也将继续是我们与所有新加坡人分享国家进步的果实，以及帮助贫困家庭提升的重要方式。组屋计划不只为我们提供安居之所，也是我们宝贵的"储备"，更是一个家，一个我们扎根、组建家庭及与其他新加坡人建立友谊和情感的家园。

你可以在新加坡任何一个社区看到这一点，但让我以德义区居民为例。何世春先生，他当了一辈子船员，1978年在宏茂桥成家，在这里生儿育女，有4个子女、9个孙子，现在更有6个曾孙。他也有朋友、家人和邻居，他每天在组屋底层和朋友话家常。你们猜他今年几岁？他已经104岁！

再说说普拉南（Puranam）女士。她在德义区住了超过25年，在第409座组屋巴刹售卖印度香料，而她的常客都是她的好朋友！

我们要协助新加坡人拥有自己的家、生儿育女和建立紧密的社区纽带，因此我相信居者有其屋是新加坡的基本原则。我们可以讨论租房或其他模式，但核心就是拥有住房，99年的地契，那是你的。

在过去两年里，我们进行了重要的决策，帮助更多新加坡人拥有自己的家。我们建造的新组屋创纪录，满足初次购房者的需求积压。我们让新组屋的价格与转售市场脱钩，以确保预购组屋的价格稳定。我们推出特别公积金购屋津贴，帮助贫困家庭购买二房式和三房式组屋。我们提高收入上限，缓解"夹心层"的压力。我们允许单身人士购买预购组屋，这是他们要求已久的。我们也为战备军人推出国民服役奖赏计划，这是给他们的公积金红包，他们可以用这些钱购买组屋。

确保未来买家能负担组屋

这些都让组屋的价格更容易负担，但我知道新加坡人依然担心房价。我们的调查显示这是他们关注的课题之一。他们会问自己，年轻人问，当我结婚时，我能否负担得起组屋？年长人士则问，我的孩子长大后能否结婚，因为没有组屋就结不了婚。他们也会问，如果我在还完房贷前失业怎么办？

因此，在全国对话会中，新加坡人希望"先住屋，后资产"，当然最好是房子和资产两者皆有。一名母亲在对话会上表示，她希望她的房子升值，因为这是她的。但同时她也希望，她的孩子能够购买更便宜的住房。然后她就笑了，因为她知道这是不可兼得的，你必须做出选择。

我们不可能满足这名母亲的所有希望，但我们能够长期维持组屋的价值，只要新加坡维持稳定和强劲。同时，我们也能够确保组屋是未来买家能负担得起的。

我将确保每个有工作的新加坡家庭都负担得起一间组屋,我们能做得到。

那是什么意思呢?如果你目前的家庭月收入是1000新元,你应该能买得起二房式组屋;如果你赚2000新元,你应该买得起三房式组屋;而如果你月收入4000新元,你应该能够负担得起四房式组屋。这是完全可能的。当我说可负担得起,我的意思是主要以公积金就能支付房屋贷款,而且能在25年内而不是30年付清房贷,之后的收入就可存起来积累退休储蓄。这是做得到的,我们已接近这一目标。

我们要怎样做到这点?我不认为要通过降低预购组屋的价格,因为那样做的话,过一阵子将拖垮整个转售市场,所有拥有组屋的人都将受害。我们将继续让预购组屋价格保持平稳,同时增加对低收入和中等收入家庭的资助。

我们已有一些机制为购屋者提供津贴。我刚才谈到特别公积金购屋津贴(Special CPF Housing Grant,SHG),除此之外,我们还有额外公积金购屋津贴(Additional CPF Housing Grant,AHG),它也涵盖中等收入家庭和中低收入家庭。全部加起来,低收入和中等收入家庭在购买二房式和三房式组屋时可获得高额津贴,津贴额有时超过价格的三分之一。

我们将做更多。对于那些只买得起二房式组屋的家庭,我想二房式组屋已相当负担得起,我们在为他们感到高兴之余,也将在他们生活水平改善后,准备从二房式提升到三房式组屋时,给予他们一些住屋提升津贴（Step-Up Housing Grants）。对于那些购买三房式和四房式组屋的低收入与中等收入首次购屋者，我们也可以做得更多。

相对而言，三房式的问题不算严重，仍然负担得起，四房式也还可以，但我想可以在他们购屋时多给他们一些帮助。因此我们将把目前只面向二房式和三房式组屋的特别公积金购屋津贴扩大到四房式组屋，我们也会把网撒得更宽，除了给低收入家庭，也涵盖中等收入家庭。这意味着，中等收入家庭购买四房式组屋时，将可另外得到高达2万元的津贴，这是一笔不小的数目，而目前他们已获得为数不小的津贴。

让我解释它是如何运作的。我来充当你的房屋经纪（观众大笑）。建屋发展局在盛港有个非常漂亮的预购组屋项目Fernvale Riverwalk，那是一个很不错的地方，濒水居住环境，靠近榜鹅蓄水池，有4座楼高20至22层的组屋，包括二房式、三房式和四房式单位，周围是休闲空间、儿童游乐场、成人和乐龄健身设施、绿地、凉亭，以及超市、咖啡店、商店和一家托儿中心，应有尽有。

你们猜猜，那里最便宜的三房式组屋卖多少钱？我看我们应该举手表决（观众大笑），15万、20万还是25万？多数人选20万新元，但答案是错的，因为那里最便宜的三房式组屋只卖15万新元（观众鼓掌）！如果你加上各种购屋津贴，低收入家庭所需支付的价格还会更低。

不过有人可能会说那是最便宜的组屋，那就让我用三房式组屋的一般价格来说明情况。别忘了我还是你的建屋局房屋经纪，但没向（国家发展部部长）许文远领取佣金（观众笑）。那里的三房式组屋一般价格比15万新元高，但也没高多少，17万新元。

假设你的家庭月收入2000新元，购买这间三房式组屋单位时可获得哪些购屋津贴？现有的津贴有45,000新元，但因为我们调整了特别公积金购屋津贴计划，你将另外获得1万新元。此外，如果你的丈夫是战备军人，他还可获得国民服役奖赏计划的4000新元，可用来购屋。这样一来，三房式组屋的净价将变成111,000新元（观众鼓掌）。

"比你想象的更负担得起"

所以，如果你以为它的价格是20万新元，事实上这是不正确的，它其实比你想象的更负担得起。如果这家人申请25年房贷偿还年限，他们每月需偿还多少钱？427新元，可完全用公积金来支付，无须另掏现金。这是相当不错和诱人的。

有人可能会问，那四房式组屋的价格又如何呢？

Fernvale Riverwalk四房式预购组屋的一般价格是285,000新元，这不是最低价格，最低价格是大约25万新元，但我要用一个有代表性的例子。如果购买这间四房式组屋单位的家庭月收入4000新元（夫妻两人都工作，不难达到这一收入水平），目前可获得的津贴是15,000新元，但随着特别公积金购屋津贴计划的扩大，他们将另外得到2万新元津贴，如果还能拿到国民服役奖赏计划的4000新元，那四房式组屋的净价格将变成246,000

新元。如果他们的房贷偿还年限是25年，每月需偿还987新元，公积金可支付920新元，现金部分则只需付67元，即每天大约2新元。这很不错！（观众鼓掌）所以当有人说建屋局在赚钱，这不太对。我们就是这样让组屋变得更负担得起，尤其是对那些经济能力较不宽裕的国人。

让我总结一下我的论点，近年来我们已经有很大的进步，今天我所宣布的又是重要的一步。不过这不会是故事的结束，我们将密切留意人们在新加坡是否负担得起组屋，在必要时采取更多措施，进一步帮助中低收入新加坡人拥有房屋。

我们将确保组屋价格始终在国人力所能及的范围，新加坡人买得到也负担得起。不用担心，放心地去计划结婚买房。如果你付出努力，在新加坡总是会有机会的。

除了住房，当国人遇到生活中不可预知的困难时，尤其在医疗方面，我们会给予他们更多保障。

工作人员会因为照顾成长中的孩子与年长的父母而备感压力；慢性疾病患者会担心门诊费与药费，可能每天只需付几分钱，但日复一日，年复一年，当你有高血压时，医生会给你药，对你说，请服用，你接下来终生都必须服药，而且必须认真对待。

年长者则会为医药费以及加重了子女的负担而感到担忧，因此，我们将提升保健财务制度，让新加坡人能更加安心。

首先，我要谈门诊治疗，因为这是很重要的一部分，之后我会谈住院治疗，它其实是一个较小的问题，但对许多新加坡人来说，却是一个大担忧，但让我先谈门诊治疗。

其中一个担心门诊治疗费用的群体是慢性疾病患者,例如59岁的郑小茂。他患有高血压,必须经常前往私人诊所检查及取药。

就如我所说,高血压患者在接下来的人生都需服药,还需问诊,这加起来可是一笔费用。

那他如何获得帮助?他通过社保援助计划(Community Health Assist Scheme,CHAS)获得帮助。

他有一张蓝色的保健援助卡(CHAS card),每次看医生时,都可获得多达80新元的津贴,协助他支付门诊费与药费,这能为他节省许多。

他有这张蓝色的卡,他的太太、父亲与姐姐都有,但他两名处于青春期、年龄分别为15岁与17岁的孩子却没有。

为什么?因为当我们制订这个计划时,我们设下规定——只有年龄达到40岁的,才能加入这项计划。

提高中等及低收入病人的专科门诊津贴

如今这个计划推展得不错,已有30万人加入社保援助计划,我想我们应该取消所设的限制,让新加坡年轻人也能加入,这包括郑先生的两个孩子。我想这将能减少他对家人医药费的烦恼。

这是有关门诊治疗的一部分,另一部分则是专科门诊(Specialist Outpatient Clinics)。

当你去新加坡中央医院、陈笃生医院的专科门诊时,你能获得一些津贴,但对年纪轻、贫穷的人来说,这加起来是一笔开销,所以我们将调高给予低收入与中等收入病人看专科门诊的津贴。

我们也会就这些津贴展开支付能力调查，这么做是要确保我们是在帮助有需要的人，让他们从中受惠。

将研究扩大使用保健储蓄　来支付门诊治疗费用

我觉得这是蛮重要的，很多人都针对专科门诊费用向我表达他们的关注，这一调整对他们来说别具意义。

门诊治疗方面的第三件大事则与保健储蓄有关，但这需花上一些时间才能完成。

不少人希望能用保健储蓄来支付门诊治疗。最近，蓝彬明医生为首的政府国会卫生委员会就发表了一份报告，提出新加坡人是否能使用保健储蓄来支付门诊治疗这一点。

我觉得他们说得对，我们应该这么做。原则上这是好的，是个人责任：自己存钱，当我生病时用我所存的钱看病。若没存钱，当我生病时，我将得筹钱，会是个问题。

我们想朝这个方向进行，我们已采取了一些措施，你也可将保健储蓄用在化疗上，也可用在主要的门诊手术上，但我觉得还可以进一步扩大，尤其针对年长者，但我们还需仔细研究，所以彬明谢谢你的建议。

我们刚谈到了门诊治疗，另一个层面是住院治疗的问题。

人们最大的担忧是：如果我们身患重病，就无法负担庞大的医药费。实际情况是，这样的案例相当少见。我打算为今晚的演讲找一个好案例，但在我过去一年的接见选民活动中，收集到的140个医疗案例都没有出现这类庞大医药费的问题。之后我请卫生部帮忙找，它们也只有极少数的案例。

终身健保双全　保障每一名新加坡人

事实上，如果你有健保双全，其实多数人都有受保，就不必为此担心。

现场观众可以举一下手，我想看看谁没有健保双全？没有人，所以你们没问题，你们应该都没问题。

但是，我知道，虽然我可以向你清楚解释，你也明白我所说的，但还是有人会担心。而那些没有投保健保双全的人，就可能会面对这个问题，因为健保双全覆盖率达92%，有些年长者或已患病的国人没有受保。

还有第三组国人，他们是年事已高的长者。健保双全目前受保的最高年龄是90岁，但我们有好些国人已超过90岁高龄，正如刚才照片中看到的92岁的拉苏（Yasmuddin Rasul）和104岁的何世春。

所以，我们能做些什么？我们将改革目前的健保双全计划，并会赋予它一个全新名称："终身健保双全"（Medi Shield Life）。

为什么是"终身"？第一，这是因为国人在有生之年都能受保。只要你能活到超过90岁，健保双全就能继续为你提供保障。所以，无须担心，年长者也能获得保障。

第二，终身健保双全将是全面普及的，每一名新加坡人都将受惠，无论年纪长幼、新生儿，或目前不在受保范围内的国人，我们会把你们包括在内。还有年长者和已患病的人，或之前退出计划的人，也都会被纳入计划中，它将不会设有"退出"（opting out）选项。

第三，终身健保双全将针对非常庞大的医药费，为国人提供更好的保障，患者将支付更少的现金或动用更少的保健储蓄，对家庭和儿女的经济负担就会减少。

因此，终身健保双全有三大重点。首先，它提供终身保障；其次，每个国人都能受惠；最后，当你面对非常庞大的医药费时，它能为你提供更多保障。

正因为保单益处和受保范围有所改善，终身健保双全的保费将调高，它必须这么做，因为它需达到收支平衡。我想，对大多数人来说，这不是问题，但对那些无法支付更高保费的国人，政府将为他们提供津贴。

这是一项重大改革，我们花了很长时间认真探讨这个课题，最后决定有必要这么做。但是，如何落实这项计划，我们仍需要更多时间，需要咨询和收集意见。我们将主办公共咨询活动，在决定计划细节前征求大家的意见。这可能需要1年的时间或更久，但我想，尝试有一个好的开始是非常重要的，因为这是为国人提供医疗保障的重要一步，让他们知道政府有照顾到人们的医疗需求。

还有一组我们必须特别照顾的国人，就是为国家辛劳付出的建国一代。他们是特别的，是他们努力工作才造就了今日的新加坡。他们在国家独立后的60、70和80年代里，打造了这个地方，让我们享用到这么优质的设施。

他们用比我们低的薪水和不多的生活安全网，含辛茹苦养大我们这代人，并打下基础，让我们享受到比他们更好的生活。这是他们的目标，他们已经达到了。现在，他们最年轻的至少也有60多岁，更多人年纪更大，大部分人都已退休。

我们必须在建国一代的黄金岁月里把他们照顾好，我们认可他们的贡献，为他们提供一些额外奖励。财政部每次在出台不同津贴配套时，无论是居家护理津贴、消费税补助券或振兴配套，我们确保建国一代也能获得不同待遇。我们将在新的医疗计划下这么做，确保他们都被照顾到。

逐步提高保健储蓄缴纳率

这个特别的建国一代配套可以帮助老一辈国人支付终身健保双全保费，让他们获得妥善保障，不必在晚年担心无法支付医药费。我觉得这是我们亏欠他们的。

我刚才谈到的是政府在医疗方面所做的工作，但国人必须为自己负责，不管是医疗财务或照顾自己的健康方面，都必须付出各自的努力。

我们将逐年在医疗方面注入更多经费，政府将提供更多津贴，但每个国人也必须有足够的储蓄去支付剩余的费用。因此，我想你们也猜到了，保健储蓄缴纳率必须提高。如果经济情况允许，我们将会逐步提高这个缴纳率。如何落实，提高多少，都是我们必须认真探讨的问题，但这个大方向是清晰的，我们需要储蓄更多，这对大家都有好处，因为每个人都会老去，如果我们幸运的话。

保持身体健康是降低医药费的良方

让医药费保持低廉的最好方法就是维持健康体魄，特别是年长者，对他们来说，锻炼身体不光是保健，也是一种社交活动。年长者以此维持朋友圈子，互相照顾和扶持，如果你的走路方式变了，步伐不稳了，友人就会提醒你去看医生。这是让年长者保持健康的重要因素。

我想，由林文兴领导的活跃乐龄计划，已看到不少成效，计划目前仍在积极推广中。最近，我在走访芽笼西民众俱乐部时，看到一个老年健身啦啦队（Cheering Squad）团体的表演。什么是健身啦啦队？它是一种结合了啦啦队和健身操的一种运动。这是年轻人在足球赛等体育赛事上，把人抛到空中的一种常见运动，年长者也做得到。团员年纪都比我们大，但他们的舞步却比我们跳得好，身手也更灵活！

我们即将做出的第三个改变是，为所有人敞开升学渠道。提供开放的渠道一直是新加坡的基本原则，是我们增强人力资源，为所有国人提供希望的方式。

教育特别是如此。因此我们投资学前教育，未来5年将增加2万多个学额。这也是为什么，政府将填补每个7岁至16岁孩子的教育储蓄户头，包括在家受教育、回教学校和出国留学的孩子。这显示我们珍惜每个孩子，要提供给每个人最佳的人生起点。

教育是家长和学生非常关注的课题，因为它在塑造一个人的潜能和机遇方面，扮演了很重要的角色。家长都知道，他们都希望给孩子最好的。因此在一些重要阶段，全家人会感到非常有压力，无论是小学一年级报名或小学六年级离校考试时，全家都会参与其中。

人们对教育有两种不同的观点：教育部的观点是"每所学校均是好学校"。无论你到哪所学校、哪个班级，你都能获得优质的教育。我们给予每所学校资源和师资来发展学校的专长项目。我们确保整个教育系统维持在高水平，每所学校均是好学校。

不过，家长和学生的观点不一样。他们虽然接受教育部的观点，但还是比较喜欢某些学校，尽管两所学校位于同一个社区，仅距离几百米，但是家长会千方百计把孩子送到其中一所。每年小学六年级离校考试、学校报名时，我都看到同样的情况。人们会很努力争取进入一所好学校，一所他们认为会比较适合孩子的学校。有时候他们会成功，有时则不然。不过，这个想法根深蒂固。

由于我国中学是根据学生的学习成绩来录取的，因此全国的情况如此。这是家长追求他们认为是最好的学校，和咨询如"怕输家长网站"（www.kiasuparents.com）的结果。我已经不需要做这样的事了，也还未达到要咨询"怕输祖父母网站"的时候。结果是，有的顶尖中学集中了很多很优秀、成绩很好的学生。这些学校的水平很高，要报读这些学校竞争激烈，大家都感到莫大的压力。

我个人认为，应该把每所学校都打造成好学校。为了达到目标，我们做了很多努力，确保每所学校都能为学生提供优质的教育。我们提供学校资源、优质的教师和注重价值观。针对这个目标，我们取得了不少进步。例如，位于武吉巴督的百德小学就通过戏剧来增强孩子的信心，育林中学的专长则是飞行和宇航教育。

因此，每所学校均是好学校。我要求教育部提供学校资源，让校长有自主权，根据学生的需求灵活教学，进而让这个系统能顺利运作。不仅在中小学和初级学院，中学后教育也如此，例如这个工艺教育学院校园耗资5亿元建造，有充满热忱的讲师和高素质的课程，因此学生能为学校感到自豪，对毕业后的人生有信心。

每所学校均是好学校。不过，我是务实的，我能理解家长和学生会谨慎选择要报读的学校。我也认为，家长能比较和选学校是好的，因为当学校知道家长在观察它们的成绩时，这会给学校带来压力。不过，家长做选择时要根据正确的因素，不单是按照考试成绩，还要按照学校如何教育学生。你的孩子可能本来就很聪明，因此获得好成绩，学校可能对他们没什么影响，学生只是在自己学习。你的孩子可能不是很有天赋，不过学校改变了他们的表现，对他们起了很大的影响。因此，家长在选学校时候，若是根据学校的素质、学术、品格教育、公民教育和培养学生兴趣方面的表现来选择，那么这就是一个可行的系统。

顶尖学府呢？只要我们能维持开放的系统，我们全国有一些公认的优异的学校，是好的。这意味着，学生入学没有限制，优秀的学生能往高处爬，能进入这些顶尖学府，那么我们就没有封闭、世袭的精英群体。有的社会是那样的，我们永远也不能变成像他们那样。

我们一定要维持一个开放的系统、有多条升学渠道，让学生可以进入；即使不适应时出去了，以后还能根据他们的表现和能力再回来。

如果我们有一个基础高、群峰连绵的教育系统，又有一起提高水平的压力，就能为所有孩子提供优质的教育，我们就能提升我们整个教育系统。如果我们的系统是完全平坦和没有特征的，每所学校完全一样、没有特点，那么我们是平庸，而不是卓越的。以前的中国，有第37中、第38中。它们只差一个数目字，其余的都一样，没人会付出努力。现在的中国，系统很复杂，有实验学校、顶级学府。虽然是社会主义社会，但还是会有竞争。我们要确保所有学校都是好学校，但要不断竞争取得进步。

我们有一个优质的教育系统，但我们的社会越来越分层化，学生之间竞争越来越激烈，过于注重考试成绩而不够注重学习。这些因素难以消除，因为家长都希望给孩子最好的，他们认为考试成绩才重要。不过，我认为我们要重新调整，维持开放的系统和把重点放在比考试成绩更重要的部分。

教育系统是很复杂又脆弱的，你可以各说各话，但不应强求它一下子改变。你要稍微调整，再谨慎观察结果，因此我提议要做出以下四项调整。

小学一年级报名是一个非常复杂的过程，我们有第一阶段、2A、2B和2C等阶段，并且给予兄姐及家长为校友的申请者优先权，因为我们要每一所学校发展出自己的传统、历史和校风，我们要每一所学校有一个关心它的社群，我们要学校为自己感到自豪，学生在穿上校服那一刻可以感受到，那是一所历史悠久的学校。我毕业自南洋小学和公教中学，两所学校都有悠远的历史，很多学校都是如此，因此我们应该保留（校友优先的制度）。但与此同时，我们不要我们的小学是封闭的，只有在你的家长是校友的情况下才可以进入。

从前，受欢迎的小学通常还会有剩余学额给那些与学校没有关系的申请者。但近年来，这些学额减少了，这从今年的小学一年级报名活动中可以看出，好多学校在较早阶段就需要抽签，意味着它们到了稍迟阶段已没有剩下多少学额。如果我们坐视不理，总有一天这些学校将没有任何学额留给与学校没有关系的申请者，我认为这是不妙的。

因此，我们要取得平衡。校友会希望我们能够保留现在的制度，公众则持不同意见。"我们的新加坡对话会"探讨了这个课题，与会者提出了建议，一个说让住在学校附近的申请者享有绝对优先权，所以如果住在心仪的学校附近，或是有能力在学校附近置屋（就能提高入学机会）。但这样的想法如果要全国推行并不实际。

另一人说，取消所有的制度，实行100%抽签制，按种族比例进行抽签，分配学额。我不认为这些极端的做法会有效。

况且，无论你采取什么措施，家长都会找到各种妙招来提高他们的孩子的入学机会，例如一名母亲为了增加长子进入他们心仪的学校的机会，前后搬了4次家。华人所说的"孟母三迁"，孟母因为觉得邻居素质欠佳会影响孩子的成长，前后搬了3次家，但我们的情况是，邻居的素质完全没有问题，家长是为了进入心仪的学校而搬4次家，更胜孟母！

另外有一些夫妇随身携带手机，兵分两路到不同学校排队，你到学校A，我到学校B，并在第一时间向彼此汇报自己所在的学校有多少人报名、是否需要抽签，以及自己成功报读的机会有多高，行事犹如一项军事行动。

因此，我认为我们应该争取更好的平衡。从明年起，每一所小学在小学一年级报名时都会保留至少40个学额（全国总学额的10%至15%）给那些与学校没有关系的申请者。如此一来，每个儿童都有进入心仪的小学的机会。虽然这并不代表我们能实现每个人的愿望，而且可能终究还是要以抽签分配学额，但至少学校会保持相对的开放，不会完全封闭。

与此同时，我们也将继续提升每一所小学的素质，教育部让我在此重复，而我也坚定地跟大家说，这我们已经在做了，你们可以相信我们会为每一所学校注入资源，无论你的孩子进入哪所学校，我们都会尽可能为每个人提供最好的。

修改小学六年级离校考试积分制

我要做的第二项调整与小学六年级离校考试的积分制度有关。小学六年级离校考试是我们最重要的一项考试，至少许多家长将之视为最重要的一项考试，因为它不仅是学生小学表现的一份报告，家长更认为它决定了孩子的前途。

我刚收到一封电邮，请我在谈到小学六年级会考时务必要特别小心，因为问题不在考试上，问题在于家长认为这项考试代表了一切，孩子进入个别的源流就决定了他的一生。我回复他说，我并不赞成这是我们教育制度的运作方式，不过我会非常小心。他回复我说，"我也不赞同，但这是家长的想法"，因此我们必须将之考虑在内。

无论怎样，因为家长持有的想法，给小学六年级会考带来了巨大压力，全家人跟着孩子一起应考。我知道有人为了孩子参加小学六年级会考而请假。我最近在新传媒看到一段片子，这名母亲说，她为了陪女儿参加小学六年级会考而停职一年。

针对小学六年级会考，我问"我们的新加坡对话会"的与会者说了什么？其中一组成员说，他们的小组探讨了各种其他的可能性，但对于什么制度能最好地给孩子分配中学，始终莫衷一是。因此他们最终建议：请不要改变小学六年级会考制度。

但我认为针对小学六年级会考，我们可以谨慎地做一些调整。

时至今日，我都不知道我的小学六年级会考积分是什么。我想你们当中跟我年龄相仿的，很多也不知道你自己的小学六年级会考分数。因为我在 50 年前，就是 1963 年，参加小学六年级会考时，考试积分是保密的，教育部并没有告知学生他们的成绩。学生只被告知他们及格与否，以及他们被分配到的学校。

（我记得）我们每个人心急地集合在南洋小学的停车场，在等候多时后，教师终于走出来，从名单中念出谁及格谁不及格，幸好我及格了。

但是今日的情况不同了，每个人都知道自己的积分。而且不仅知道自己的积分，也知道朋友的积分，还知道朋友的儿子和女儿的积分，在必要时还会相互比较。看到拿 230 分的会说："哇不错，可以进这所中学。"看到另一个拿到 180 分的会问："哇！发生了什么事？"

这些分数对进入哪所中学确实至关重要，但是孩子不过 12 岁，就要用这个来评估他，这是没有意义的区分，在我看来是过分细致的区分。

谁长大后会更有能力、更加成功，对社会做出更大的贡献，在 12 岁之际，你可以猜到，但绝对没法断定，更加不可能从一分之差来评定。因此，我认为我们不应该以如此细致的区分来决定学生的中学分配。

我们将采用像 O 水准及 A 水准成绩鉴别制度那样更为宽松的等级式评分制。在 O 水准会考，我们有 A1 到 F9，F9 是不及格，A 水准会考我不太确定，应该也是分为 A、B、C、D 的等级。我想以等级制取代积分制，这样会减少为追逐每一分的过度竞争。如果你获得A*，无论是91分或99分，都同样是A*，都是优异的表现。

这就能腾出更多空间来全面地教育和培养学生。

不过我所说的是我们打算做的，会需要好几年来实现。因此，如果你将在几个月内参加小学六年级会考，或是你的儿子或孙子将要应考，请不要惊慌，我们不会在今年改变小学六年级会考积分制，这需要好几年的时间来落实。

我们要创造灵活的中学教育，让学校根据学生的能力与发展为他们量身规划教育。有些学生的学习进展较快，有些对某些科目有较大的兴趣；有些在多个科目的表现皆强，有些则在许多科目的表现皆弱。我们需要的是一套适合各类学习需要的制度。

目前的教育体系已提供一些灵活度，成绩优越的学生能学习到不同源流的课程。学生不一定得局限在一种源流或课程，我们当中有几个成功例子。

其中的例子有，林志祥，他小学被编入EM3源流，之后在士林中学就读普通学术源流班。他中学毕业后到义顺初级学院念书，并顺利报读新加坡国立大学，他在服完兵役后将到国大修读物理学。现有的教育制度让他有这个机会与时间，做有效的学习与发展。

另一名学生阿莫穆哈玛（Ahmad Muhammad bin Rosman）家境艰辛，他从小学EM3源流毕业，被编入普通工艺源流，普通工艺源流是许多人抗拒的。他之后到工艺教育学院升学，获得工艺教育学院良好的栽培。他成绩优异,破格进修高级国家工教局证书（Higher Nitec）课程,到新加坡理工学院修读视觉效果与动态影像专业文凭。我国需要更多这样的例子,因此政府将在中学逐步推出更灵活的项目。

接下来,教育部将允许各源流中学一年级学生修读高级科目,可选读的高级科目将是学生在小学六年级会考中有优异成绩的。打个比方,一名普通学术源流的学生若小六会考的数学成绩很优越,也能在中学时修读O水准数学。如果一名普通工艺源流学生的语文能力很强,也可修读N水准或O水准语文。因此,中学生将能根据适合自己的步伐,学习各科目,发挥所长并建立自信。这项改变使我国教育制度朝更开放、更灵活的方向迈前一步。

拥有顶尖学校是件好事

我们要打造每所学校均是好学校,那新加坡为何还需要这些顶尖学校？

我们的教育体系里拥有顶尖学校,这是件好事。学校保持高水平,这是对教师、学生与整个教育制度的肯定。许多学校拥有很长的历史,一些甚至比新加坡历史还悠久。过去以来,学校为国家培养出许多领袖,他们投身在私人领域、社会服务与政府部门等。学校所培养的不仅是成功人士,也是社会的栋梁。

因此,我国更有必要为学生提供全面的发展,以全面的方式录取学生。学校须向学生灌输正确的价值观与精神,让他们接触多元的背景，建立对他人的同理心与谅解。我们要确保学生在给予他们栽培、寄予他们希望的社会扎根。

更重要的是，确保顶尖学校的录取方式保持开放，不让学校成为"封闭的圈子"——"封闭"不是因为学生的家庭背景关系，而是因为只录取有"完美成绩"的学生。

校方不单要录取学业成绩杰出的学生，也应包括那些有领导能力、坚韧、冲劲等特质的学生。这些顶尖学校必须确保来自低收入家庭的孩子不会因担心无法融入，或经济上无法负担，而对这些学校却步。学生或许担心无法参与朋友的话题，因所讨论的是他们未必负担得起的物品，这是不健康且不应出现的情况。因此，政府要确保顶尖学校的录取方式继续保持开放，为有能力的学生提供多元的机会。

教育部将继续扩大直接招生计划的范围，让学校录取有特别才能的学生。

我们要确保这些顶尖中学主动联系与寻找出色的学生，也可邀请小学推荐优秀生。我们要确保机会的大门永远敞开。

另外，政府也将大幅度提升这些学校的经济援助与助学金计划，让那些有资格并想报读的学生有信心入读。这样一来，我国可确保顶尖学校继续开放给各背景的人才，所栽培的毕业生能为社会做贡献，并与他们的社区紧密联系。

这些教育制度的调整，将有助于确保晋升的渠道为所有国人敞开，并让任人唯贤的体系为新加坡取得更好的效果。

任人唯贤必须是组织我国社会的最根本原则。

我们应该对有贡献和肯努力的人给予肯定，而不是奖励那些背景优越、有地位或有财富的人。我们不可以做一个"靠关系"的社会。

与此同时，如果你在这个制度下取得成就，那你必须意识到，你有义务回馈社会，你的成功不只属于你自己。

每个人都受惠于这套制度，也认为它是公平的。

荣誉国务资政吴作栋形容我们是要形塑一个"仁慈的精英治国制度"（compassionate meritocracy），他说得很对。

杨诗翎博士是一个好例子。她4岁失明，在新加坡视障儿童学校、尚义中学和实龙岗初级学院接受教育。她喜欢数学，在新加坡国立大学修读数学，还考获3张文凭，包括博士学位。她是2001年国大科学院第一名，现在是新加坡科技研究局（A*STAR）的研究员和南洋理工大学的兼职助理教授。她不只是一名成功的专业人士，她在体障人士协会当义工，帮别人克服残障。这是为什么她去年荣获新加坡杰出青年奖的原因。诗翎的例子证明了，只要你肯努力，无论你的处境多艰难，你还是可以成功。她的例子也说明，我们所有人都可以回馈社会，并确保这是一套对所有人都公平的制度。

我刚才形容了政府在取得新的平衡后，计划在哪些方面付出更多努力。若要制度成功，我们所有人都必须尽一份责任。

政府可以给你一个组屋单位，但怎么让这个地方有家的感觉，就要靠自己了。政府可以让医药保健变得更加负担得起，但我们本身也得照顾自己和彼此的健康。政府可以使教育系统更开放，但本身也得把握机会，发挥潜能。

社区也得做得更多，以配合个人的努力和政府的计划。

前阵子烟霾来临时，我们看到社区发挥的力量。年轻人杨凯仁自掏腰包，为年长的清洁工人和小贩购买 N95 口罩。的士司机也购买并互送口罩，让的士服务能够继续。

社区力量，也体现在基层事务方面。举个例子，实乞纳的私人住宅区洛阳山庄，发生居民任意停车的问题。该区议员孟理齐博士鼓励居民组织起来，找出解决方案。居民成立行动小组，拟出"负责任停车行为准则"。这包括在自家车房内停泊至少一辆车，还有不应该用垃圾桶等物件来霸占停车位。现在那里不需要停车稽查员了！或许其他住宅区可以向洛阳山庄的居民学习。

看到许多年轻人热心公益，让我十分高兴。比如你今晚看到的宏茂桥居民的照片，如林太太、何世春和普拉南，都是取自我的民众俱乐部的人民协会青年运动项目。这些照片是由许菡芝拍摄，她访问居民、了解他们的故事，还拍他们的照片，在德义民众俱乐部展出。

其他学生想得更远。新加坡理工学院的学生参加尼泊尔工程，为尼泊尔的孩童建造教室。他们获得"青年远征计划"的资助，到海外展开社区计划。

我们要鼓励更多的青少年共同打造一个更美好的世界，以及一个更美好的新加坡。

新一代的年轻人，你是我们的未来。你有理想、充满活力和热情，所以应该勇往直前，把新加坡和这个世界变得更美好。

为了帮助你，我们将推出新加坡青年志愿者计划。这个计划将扩大青少年在社区推展活动的机会，特别是来自工艺教育学院、理工学院和各大学的学生。

我们将提供各种资源来支持你。例如，提供资金来启动你自己所计划的项目、通融学生请假以全时间参与社区服务、提供津贴让学生在毕业后仍可继续服务社区。

我们也会提供导师指导和协助你尽己所能推展计划。另外，这个计划将为青年志愿者和急需社区服务的社群配对，协助年轻人为国家做出更多贡献。

新的住房、医疗保健和教育政策都有了非常重大的转变。它们是我们"共同前进之路"的一部分，但我们的最终去向和核心目标并没有改变。我们要确保每个新加坡人与国家共同前进，我们要支持我们当中较不幸和弱势的群体，我们要为国人创造能够让他们各尽其能的机会。我们最终要建立一个更强大的新加坡。

我们将需要一些时间做出让政府、社区和个人取得新平衡点的政策和计划，也需要较长的时间才能看到成效。我们将评估我们的战略、政策和计划，并随着我们不断改变的需要和经验，谨慎地采取行动。

我们采取这些步骤并不是因为我们的系统糟糕。相反，我们是从一个强而有力的基础出发的。我们可能对住屋、医疗保健和教育有疑虑、不满，偶尔甚至会恐惧，可是它们虽然不完美，但以国际标准衡量，它们都是很优秀的。

我们的交通系统正随着新增的巴士、地铁线和早上前往市区的免费地铁服务不断进步。其实，就国际基准而言，老实说，它是不错的。

而我很高兴一些国人认同我们的交通系统，例如林主文和林怡婷夫妇。他们俩结婚时选择以地铁而非豪华轿车把他们载送到教堂。林主文说："这是一趟让我们毕生难忘的车程。有了80亿元的环线地铁，谁需要一辆（奔驰）S级轿车？"

这一切并不是没有风险

新的战略方向将带领我们走向一条新道路，这不是从以前引导我们到现在的同一条路。我们不可能回头。在新加坡及世界都在改变的情况下，我相信这么做是对的。

我们要继续往前走，但也请让我提出忠告：这一切并不是没有风险的。

其他国家曾以最好的出发点尝试做同样的事，结果却得不到预期的成效。美国是全世界医疗保健支出最高的国家，但成效却比很多发达国家差，包括新加坡。

芬兰为劳动者提供最好最全面的保护，并拥有良好的经济和教育制度，但20%的青年仍失业。

这都可能发生在我们身上。

我们的行动因此要更谨慎，并当心走入陷阱。我们可为低收入者提供更多援助，但不可削弱他们自食其力的能力；在提高医疗拨款时，不能变相鼓励过度索取或进行不必要的治疗；在让教育制度更开放时，也不能牺牲学术水平和对待教育的严谨态度。

当然，所有好的措施都需要有人埋单。我们目前的收入仍能承担得起这些措施。但长远来看，它们的成本将上升，尤其是医疗保健成本。终身健保双全以及其他额外津贴将逐年增加。现在人们埋怨为什么政府在医疗保健方面花费那么少，但迟早有一天，我们会感叹我们为什么需要花费这么多钱。

我们要了解到风险是存在的，并为此做好准备。如果想保留这些社会安全网和计划，我们要有心理准备，在未来缴付更高的税务或减少其他支出。

我们不能让我们的后代为了承担我们的消费而负债累累。有一名在我的脸谱网页留言的读者说："我只希望任何改变不是为了平息愤怒和讨好不知足的民众而采取的'民粹'作风，并在未来债留子孙。我情愿现在过得辛苦些，也不想子女以后背负重担。"

我认为她的话言之有理，我们之所以拥有现在的一切，是我们的父母辛辛苦苦为我们创造出来的。如果我们现在只想舒适地过日子，而让孩子靠自己打拼，我想这是不负责任的。

我们必须让下一代继承一个更美好的新加坡。我们应该这么做，因为我们现在所拥有的一切，都归功于建国先辈们。

另一位开国元勋吴庆瑞博士曾说过，我们不应满足于现状，认为那是成就的巅峰，更应把现状当成基础，让我们攀登更高峰。

年轻人准备好迎接挑战

我很欣慰,我们的年轻人已做好迎接挑战的准备。上星期国庆日当天,我通过 iPad 看报纸,读到言论版上一名 15 岁中学生漳珂琳的投函,为此感到十分鼓舞。

她写道:"新加坡并不完美,或许有一些缺陷。但如果我们不去争取、去保护和建设它,没有其他人会那么做。正是因为新加坡不完美,所以我们这一代必须留在这里,为改善它而付出努力……我们还在学习的阶段,所以请对我们的国家有一点信心。"

漳珂琳引述建国总理李光耀 1967 年的发言:"新加坡是静谧、稳重和有自信的国家。这种信心出自于一种领悟,那就是没有什么问题是我们无法克服的。"

她总结说:"让我们不要成为忘记那一切的一代。"这真令我感到高兴。如果年轻人有这样的感受,那我们的职责就是确保他们能达成理想。

一名"我们的新加坡对话会"的参与者就说,他想看到一个充满机会、意义、自信、社区精神和信任的新加坡,一个赞扬国人各种才华的家园。

譬如,本地导演陈哲艺凭电影《爸妈不在家》在戛纳影展摘下金摄影机奖。此外,新加坡 12 狮足球队在阔别长达 19 年后,再次获得马来西亚超级联赛冠军。

更重要的是,新加坡要成为一个能让人类精神繁荣昌盛的社会。要达成这些理想,我们需要为人民办实事,包括建设城市、改善生活环境和推进经济发展。

我们已在全国展开这种工作。如榜鹅水道是一个让榜鹅居民及全国人民共享的美丽水道，离河谷径不远；裕廊湖区是集住家、办公室和休闲为一体的湖畔综合市镇。

明年4月开幕的体育城，将拥有一个美丽的崭新体育场，让人们观看体育运动。体育城也拥有许多体育设施，不管是职业运动员，还是周末运动的人们都能使用。

或许有一天，我也能在那里举办国庆群众大会。这些事情已在发生，但除此之外，我们需要做很长远的建设规划。

比方说，樟宜机场。对旅客来说，它是新加坡的一个地标。对新加坡人而言，它是一个迎接我们、告诉我们已抵达家园的地标。

对我来说，它是新加坡身份认同的一部分，是一个更新和变化的象征。我是在1981年使用樟宜机场的第一批乘客之一。事实上，我在机场开始运作前参与了一次试飞，帮忙测试机场系统。国防部的专机把我们载到某个秘密地点，我们在半夜起飞，经过了移民局、海关、搜索，他们在我的手提行李中发现了我的刀。

幸好那只是一个试验，我可以留着我的刀，但他们已经在值勤了，试验是有效的。

我们在数周后回到新加坡，在樟宜机场着陆，机场已从巴耶利峇搬到樟宜，樟宜机场已全面运作。我们发现樟宜比起旧的巴耶利峇机场大有改进，控制塔尤其美丽。

然而，樟宜机场并不只是一个情感象征。

它是世界来到新加坡的途径，也是新加坡人与世界联系的方式。它是我们成为商业、贸易与旅游的繁荣国际枢纽的原因。

机场和所有与机场相关的服务提供了很多就业机会。我不会让你们猜，那是多达163,000份就业机会，是国内生产总值的6%，涵盖社会的各个阶层。

当航空旅游在沙斯（即SARS）、经济衰退期间表现下滑，的士司机马上就能感受到，尤其是那些住在白沙和淡滨尼的的士司机，临近的生意下滑，在机场的的士队伍也变得更长。

不过，机场也是使我们的航空航天工业有活力，以及学校里的航空业课程受欢迎的原因。比方说，就在这所工艺教育中区学院，我们有航天航空工程学课程，他们有自己的波音737客机，就停泊在外面。这一架真正的飞机在这里，就是为了训练我们的学生，学习关于航空电子设备、机身、机械、发动机。

我在脸谱上传了这张照片（波音737客机停在校园），有人问我，这是真的还是经过电脑加工的？我说，它是真的，它在这里，正是因为我们是枢纽，正因为我们拥有樟宜机场。

我们能拥有今天的樟宜机场，要归功于20世纪70年代时，李光耀先生拥有这个眼光，把旧的皇家空军樟宜基地设想为一个取代巴耶利峇的国际机场，即使面对专家建议扩建巴耶利峇机场，兴建第二个跑道时，他依然坚持推动这个设想。

你可以想象吗？在巴耶利峇的一个跑道，已经有这么多飞机在住宅上飞过，如果有两个跑道会如何？

李先生说不，考察、考察、再考察，他让侯永昌（时任机场发展特别委员会主席）带领考察团队，他也推动这个设想并让它成真。因此我认为这归功于他们，我们很感激。

我们继承了这些，但在过去这些年来，我们也逐步扩大和提升樟宜机场，如今拥有三个搭客大厦，在去年接待了5100万旅客人次。

它仍可以增长，但正迫近饱和。客流量正在增长，而在整个亚洲，中等收入阶层都在旅游，航空旅游蓬勃发展，人们都去度假、做生意。新加坡人也到全球各地旅游。国庆日的周末，你们当中有多少人不在新加坡？

我最近去了日本度假，我游览了富士山，我在山上遇到的新加坡人比日本人还多。

东南亚的其他机场在进行扩建，以便充分掌握商机，比如吉隆坡国际机场（KLIA），他们计划每年接待1亿旅客人次。曼谷的素旺那普（Suvarnabhumi）国际机场的目标也是每年接待1亿旅客人次，而它们在地理位置上都比新加坡更适合成为东南亚的航空枢纽。

这是因为从欧洲到东南亚，不管是到中国大陆、中国香港地区，或日本，吉隆坡都比我们近，曼谷更加近。

不过，我们依然是枢纽，为什么？因为它们不是樟宜机场！

现在的问题是，我们是否要继续成为在东南亚充满活力的枢纽，还是要让别人取代我们的地位、我们的生意和我们的工作？这是我们的选择。我们是否要让别人抢走我们的乳酪？

我想我们必须要从增长中分得一杯羹、提前策划以及持续发展樟宜。

我们已制订计划来落实这一切。如今在樟宜机场，我们已建造了第一、第二及第三搭客大厦。它们将会持续获得翻新。我们将兴建一座全新的大厦。他们原本要重建一个廉价航空候机楼，但后来改建成第四搭客大厦，它已不再像一个廉价航空候机楼。

我们还有一个法宝，我们将在第一搭客大厦外打造一个独特的设施，原址目前是一个露天停车场，代号"宝石计划"的工程已在此展开。

我们将扩充第一搭客大厦的客容量，并把新大厦与第一搭客大厦连接起来，里头设有商店、餐馆以及一个美丽的室内花园。我们已有了滨海湾花园，以后机场也会有花园！兴建这些不只为了旅客，也是为了新加坡人，让国人可举家出游、学生可到此复习备考，新婚夫妇也可取景拍摄结婚照。

放眼未来，我们已在规划兴建第五搭客大厦。第五搭客大厦听起来像是一个大厦，但它其实是一个独立运作的机场，与目前的樟宜机场一样大，并与其他大厦衔接为一体。机场将有三条跑道，届时的客容量将增加一倍多。工程计划已展开，预计在2020年至2030年之间完成，或在12年至15年后完成。

这正是我国巩固作为东南亚枢纽地位，以及为新加坡人创造更多机遇的方式。

不仅如此，新加坡还会做出更大胆的规划。我们将在樟宜东兴建新加坡空军部队的新空军基地，以及铺设一条新的跑道。这样一来，我们可把巴耶利峇空军基地迁移至樟宜东，巴耶利峇将能腾出一块 800 公顷的庞大地段，面积比宏茂桥和碧山还要大，可用来兴建住房、办公室、工厂以及公园，打造新的生活环境和社区。

这不只是为了腾出 800 公顷的土地，迁移巴耶利峇空军基地后，巴耶利峇周边地段不再受到高度限制。目前，这一带的发展因为飞机需要安全起降而受到高度限制。在东部腾出的庞大空间，一直延伸到滨海湾和滨海南，能让我们发展新颖且令人兴奋的计划。这是 2030 年以后的发展，远景可能要等到 20 年至 30 年后才能完全实现，因为需要兴建住房等。这个潜能的确存在，我们可以去追逐梦想。

除了巴耶利峇外，我们在丹戎巴葛码头也另有计划。丹戎巴葛、布拉尼、岌巴及巴西班让码头是世界上最繁忙的港口之一，那里的商业活动蓬勃，港口经营得非常成功，（吞吐量）也正在不断增长中，容量正要达到极限。我们将在大士兴建一个新的港口。它比现有的大，也更有效率，容量增加近一倍，让我国保持作为领先港口的地位，确保商业活动继续在这里运作。丹戎巴葛所有集装箱码头将在租约于 2027 年起届满后搬迁至大士。

届时在丹戎巴葛腾出的黄金地段，可供建造一个位于南部的崭新濒海城市。这个地段占地 1000 公顷，或相当于两个半滨海湾的面积，从珊顿道延伸至巴西班让，从东部到西部。

这些是极为雄心勃勃的长期计划，彰显了我们如何思考和规划未来，也反映了我们的基本观念和精神，就是要有信心，向前看，力争上游。

若可以落实这些计划，便无须担忧新加坡会缺乏发展空间或机遇，我们还未达到上限，天空才是极限。我们要为未来创造无限可能，为孩子与他们的下一代开拓机会，在许多年头里继续打造、提升与重塑这个城市。

很少国家或城市能够进行这么长期的思考或规划，新加坡却可以。这是我们取得今天成就的原因，也是我们在明天、明年和多年以后，必须继续努力做到的。

然而在更深的层面上，这些不只是计划，也是我们信念的体现，这不只是针对新加坡而言，也是针对我们自己。

这关乎我们这一代人为子孙后代谋福祉的信念，确保未来新加坡国泰民安，依然是个值得投资的地方；这关乎不论面对什么挑战，我们还是可以保持竞争力，不畏惧更大更强竞争者的信念；关乎搞好我们政治的信念，要推选正直、能干和值得信赖的领袖来妥善领导我们的国家，并确保我们的机制可行；关乎大家团结一致，年复一年稳步前进的信念，使大家的美梦成真。

我们的国庆庆典最能清晰体现这样的信念，（这包括）悬挂在直升机下方的国旗在我们眼前飘过，我们齐唱"前进吧！新加坡！"的时候，以及当大家念着信约"誓愿不分种族、言语、宗教，团结一致……并为实现国家之幸福、繁荣与进步，共同努力"的时刻。

轮椅篮球投手等人突破重围的故事；参与表演者脸上的光芒和笑容；浮动舞台、滨海湾一带的人群，或全岛甚至全世界电视观众的热烈反应，都让今年的国庆庆典充分展示了新加坡的能力。

看着人群并感受着他们（的激情），让我和同事更有决心要为新加坡人做到最好。他们使我们的信念更坚定，让我们相信这些都是值得做的，我们也能取得成功。

我们或许已针对政策做出重大调整，但我们主要的目标并没有改变。我们还是要为新加坡人创造机会，让大家能发挥潜能；要在每个新加坡人身上投入资源，发掘他们潜在的才华，并确保新加坡是人文精神浓郁的地方。

我们还没完成建造新加坡的工作，这是永续的工程，需要大家彼此联手，竭诚合作。让我们共同开拓新的前进道路，让我们共同为所有新加坡人打造更美好的新加坡。

晚安！

谢谢！

新加坡
公共政策传播策略

第六章
弥补代沟：注重年老社群沟通

"在建国一代配套的宣传与沟通上，政府也面对一些特殊的挑战。我们仍然需要传统的沟通与宣传渠道，如印刷广告和网站等，但仅有这些可能还不太够。"

——为了让年长者更深入认识建国一代配套，使这一良政获得充分了解，新加坡政府专门成立了一个22人的跨部门专案工作小组，负责统筹建国一代配套的沟通和宣传工作，担任专案小组主席的财政部兼交通部高级政务部长杨莉明如是说。政府还专门制作多种方言的视频进行政策解释。

第一节
好的政策还得说透:方言、表演齐登台

一、认真、用心地向老人传播政策

新加坡虽然是一个年轻的国家,在 2015 年庆祝建国 50 周年,但是人口老龄化的趋势还是十分明显的。根据新加坡国家人口及人才署和新加坡统计局在 2013 年公布的《2013 年人口报告简要》和《2013 年人口趋势报告》,新加坡公民人口延续老龄化的趋势,满 65 岁的公民占总公民人口的比值达 11.7%,比 2000 年的 7.2% 有显著增加。公民年龄中位数也从 2000 年时的 34 岁,增加到 40 岁。满 65 岁年长者居住地点也大多是在相对较旧的组屋区。《2014 年人口报告简要》更显示,截至 2014 年 6 月,新加坡总人口有 547 万人,公民人口是 334 万人,公民人口继续老龄化,年满 65 岁的公民比值达到 12.4%,比 2013 年的 11.7% 更高。

老龄社会的现实,一方面需要新加坡政府调整国家和社会的发展策略,更多地向老人倾斜,注重社会安全保障网的建设。与

此同时，也需要用老人家能理解的语言和沟通方式来传递新加坡政府的相关政策，这样才能够有效地实施政策，同时让执政党获得充分的认同和政治支持。

因此，为了达到向乐龄群体有效传播政策的目的，新加坡政府不惜投入相当的资源，邀请年长一代熟悉的艺人或明星宣讲，借助老人家喜闻乐见、亲切熟悉的方式呈现。这种认真、用心地向老人传播政策的姿态和举措，也同时赢得了社会大众的认可和赞扬，可谓是政府另外的收获。

就以2014年新加坡推行的"建国一代配套"为例说明。

新加坡政府在2014年财政预算案声明中公布，将耗资80亿新元（约400亿元人民币）设立建国一代基金（Pioneer Generation Fund），并从门诊津贴、保健储蓄填补和终身健保津贴等方面，终身照顾约45万名建国一代年长者。

被简称为"建国一代配套"的惠民措施，宣布之后就获得非常好的反应。一方面是因为这一配套从年长者最为关心的医疗问题着手，实际解除他们对医疗费的后顾之忧；另一方面是这一政策本身展示了政府对于年长的建国一代的肯定和重视，在社会上形成了一种价值导向。

建国一代配套是新加坡政府为年长的新加坡人提供的社会福利，既是对他们在新加坡建国历程中的付出和辛劳的肯定，同时因为目前社会福利架构中还有一组必须特别照顾的新加坡人，就是为国家辛劳付出的建国一代，他们在新加坡独立后的60、70和80年代努力工作才造就了今日的新加坡。如今，最年轻的至少也有 60 多岁，更多人年纪更大，大部分人都已退休。这个特别的建国一代配套可以帮助老一辈新加坡人支付终身健保双全保费，让他们获得妥善保障，不必在晚年担心无法支付医药费。

建国一代配套的直接受惠者是年长群体，如何将这一政策信息有效地传送给特定群体，并让他们完整而确切地理解政策本身，感受到其实惠和效果，对政府的公共政策传播来说，是一大考验。

二、通过财政预算案正式宣布

2014 年 2 月 21 日，新加坡政府公布新财政年预算案，宣布将拨出 80 亿新元（约合 400 亿元人民币）设立一笔"建国一代基金"，用来终身照顾 45 万名在 2014 年满 65 岁及以上的新加坡人在医药方面的开销。

在公布的详情中，明确说明这笔专款来自 2014 财政年度预算，无须动用国家储备金，预计将在未来至少 20 年里承担建国一代的大部分医药费，并且只按年龄、不以个人经济情况来区分资助。

对建国一代的照顾配套不出意料地成为整个预算案的重点，引起全体新加坡人的关注。用专设基金的方式，将确保无论未来新加坡的经济形势如何，符合建国一代范围的这个特殊群体都将获得照顾，不会受其他领域开销增加的影响。

对属于建国一代的群体，新加坡政府将从三大方面提供资助：

一是门诊方面，建国一代新加坡人的医院专科诊所和综合诊疗所费用，会在其他津贴的基础上再扣一半，不论收入多寡，都将纳入社保援助计划（Community Health Assist Scheme）。残障人士还可获永久现金补贴。

二是保健储蓄方面，建国一代将在现有各种补贴之外，依年龄段每年另外获得200新元至800新元补贴，也就是政府将为他们在公积金中的保健储蓄户头另外提供这些数额。

三是重病保险方面，经过改良的终身健保计划将在2015年推出，政府将为这些老人提供40%至60%的保费津贴，而在2014年满80岁及以上的老人，在得到各种资助后基本上完全不必自付保费。

用点式的方式陈列说明建国一代能够享受到的好处，就包括：

· 到医院专科诊所及综合诊疗所，可获75%至85%的门诊费津贴。

· 目前未加入社保计划者，将自动加入计划，已加入者将获得更多津贴。

· 中度或重度残障者可在建国一代残疾人士援助计划下，终身每年获得1200新元现金资助。

· 每年获得200新元至800新元额外保健储蓄补贴。

· 终身健保推出后，按年龄可获40%至60%的保费津贴。

・加上保健储蓄补贴，80岁以上者保费将由政府全数埋单；70岁者只需支付约一半。①

照顾老人是社会福利的一种方式，能够获得广大民众的支持。就像民情联系组所做的预算案调查显示，70%的新加坡人支持政府在今年财政预算案中宣布的各项措施，并认同建国一代配套能让65岁及以上的年长的新加坡人更负担得起医疗保健费用。②

与此同时，靠近年龄门槛，但可能被排除在外的民众，心理难免会有复杂的情绪。新加坡政府推行公共政策非常细腻地照顾到民众的感受和情绪。在宣布建国一代配套，告知符合资格者将从2014年8月起陆续收到通知信自动获得资助的同时，也公开宣布那些因各种原因被排除在外的，可以向上诉委员会上诉，提出自己的请求。此外，对临近这一年龄段，55岁及以上的非建国一代新加坡人，公积金缴纳率将上调0.5至1.5个百分点，未来5年将获得每年100新元至200新元的保健储蓄补贴。中低收入家庭也将获得更高门诊费津贴及终身健保津贴。如此一来，重点照顾的阶层突出，其他民众同样也感受到享受了政府的优惠，公共政策才能够赢得最大层面上的欢迎。

①《联合早报》，2014年2月21日。
②《联合早报》，2014年3月20日。

第二节
豪华阵容：跨部门政策传播专案小组

一、打破常规，制作方言短片

为了让建国一代的年长者及他们的家人更深入地认识建国一代配套，使得这一良政获得充分的了解，新加坡政府专门成立了一个22人的跨部门专案工作小组，负责统筹建国一代配套的沟通和宣传工作。小组阵容强大，可谓是豪华阵容，由财政部兼交通部高级政务部长杨莉明和卫生部兼人力部高级政务部长许连碹一起领导，其他成员包括教育部兼通讯及新闻部政务部长沈颖、国防部兼国家发展部政务部长孟理齐博士，以及四个政府部门的常任秘书、政府首席公共沟通司司长、社会团体和媒体行业的专业人士。

建国一代配套希望达到的目标是在建国一代有需要的时候，能获得所需的医疗服务。专案工作小组的任务就是想方设法向建国一代和他们的看护者及家人有效地传达这个信息，从而让他们更加安心。专案小组主席杨莉明就认为："在建国一代配套的宣传与沟通上，政府也面对一些特殊的挑战。我们仍然需要传统的沟通与宣传渠道，如印刷广告和网站等，但单单这些可能不太足够。"[1]

---
[1]《联合早报》，2014年4月9日。

多年来，为推广标准华语，新加坡一直对方言媒介的节目有所限制。但是，年长者多数对于方言更为亲切，为此，新加坡政府专门制作了建国一代配套的福建话短片，帮助不谙4种官方语言的年长者更好地了解政策，也供基层组织在社区对话会上使用。短片在视频网站 YouTube 上传后，引起不小反响，获得数千人次在脸谱网页上分享，人力部代部长陈川仁也进行转发，民众、学者和议员都纷纷表示赞赏和肯定。不少公众随后在脸谱网页上分享，或建议也在电视或电台节目中播出。很多年长新加坡人认为短片内容贴近生活，也喜欢幽默的情节。①

近5分钟的短片用故事的情节剧来说明建国一代配套。一位70岁的阿婆到巷子里让算命师算命，她向算命师申诉自己最近生病看了3个医生都未见好转。算命师得知阿婆今年70岁，在帮她看掌纹时说她的财运线正往无名指走，未来可以节省很多钱。接着，算命师向阿婆说明建国一代配套主要的内容，并以"1290"4个号码概括配套重点。"1"代表建国一代的配套是一年一次拿到的好处；"2"是指在1987年之前成为公民并在2014年满65岁的长者都能享有配套优惠；"9"表示长者将在9月份获得建国一代卡；"0"则是零烦恼，无忧无虑的意思。

短片虽然诙谐有趣，也在网上获得正面评价，但仍有学者认为由于建国一代年事已高，其实很少上网，因此网上上传短片还是属于比较迂回的做法。因此不少人建议应该在电视或电台中播出，或是在民众俱乐部、乐龄活动中心播放短片，让更多受惠者

① 《联合早报》，2014年4月5日。

能够看到。

继福建方言短片获得欢迎后，新加坡政府接着制作了广东话宣传片。"九子连环"，年年都有补贴。"十三幺"，人人受惠。"大四喜"，好运处处来……剧中4名在打麻将的年长者教观众如何"摸清"建国一代配套。短片通过麻将术语诙谐地列出配套要点，例如以东、南、西、北风各牌总结配套的4个关键信息。这包括：建国一代能获得介于200新元至800新元的保健储蓄补贴；到综合诊疗所或公共医院专科门诊看病，除了原有津贴，还可再获得50%的津贴，到参与社保计划的诊所看病也可获津贴；另外，终身健保也确保新加坡人能一生受保；最后，建国一代无须申请就能获得各项优惠。

因为使用方言和年长者沟通最为有效，新加坡政府打破多年来没有带头制作方言内容的禁区，冀望展示对年长一代的关切，并让政策得到更好的传播效果，学者和一些议员建议政府可就这部短片放宽在电视和电台播放方言节目的限制。

二、政策传播要对症下药

以4种语言和方言制作的建国一代配套宣传片在电视及网络上相继播出，自2014年3月开始推出以来，9个短片在YouTube网页上的点击率达到数十万次。负责视频构思的是通讯及新闻部公共传播司属下2013年新成立的内容开发处。该部门有30名工作人员，部分曾在创意领域任职，具备摄影、编剧和剪辑等专业技能，专门为跨部门的政府政策开发宣传内容，也负责管理新加坡政府专属脸谱网页。由此部门的阵容，可以看出新加坡政府对政策传播的日益重视。

由于建国一代配套宣传短片旨在让受益的年长者以他们最熟悉的语言和表达方式获取相关重要信息，因此团队在构思短片内容时，倾向用轻松的剧情，以及长辈熟悉的场景、人物和对话方式呈现这些细节。制作团队就采取了许多年长者看过的香港经典电视剧《上海滩》作为华语宣传短片的灵感来源。除了将建国一代配套厚重的信息处理成简单易懂的广告，这一系列短片也有另一特色，那就是针对年长者群体中不同的种族和方言使用者量身打造内容，而并非把同一广告内容翻译成不同语言。马来语短片场景设在咖啡店，由马来社群熟悉的歌手和艺人担任主角；淡米尔语短片加入广播节目的元素，由资深广播员和演员出演；面向华族年长者的福建、潮州和广东话短片也各不相同；英语宣传片则配合2014年巴西世界杯风潮，以建国一代广播员叙述球赛的方式呈现。

由于制作的短片相当有创意，能够有效地传达建国一代配套的重要信息。虽然有些年轻人可能觉得俗气，但这是年长的建国一代熟悉的表述方式。根据议员在不同基层活动上播出短片获得的反馈，以及通讯及新闻部工作人员出席部分活动向年长者收集到的意见，这些制作的短片获得良好反响，年长者基本上领会到建国一代配套的大意。

因此，对症下药而非盲目地追求新潮，才是公共政策传播的要点，一些有针对性的政策要点，只要能让特定的受众在传播的过程中达到了解和知晓甚至记住的目的，就是最好的传播方式。多种语言的传播方式，也从另一层面提醒新加坡政府，面对多元背景的民众需要采取不同的策略，提出各具针对性的方案。

第三节
动之以情：巧打感性牌

一、千名老人出席总统府感恩会

在 2014 年大年初一之前，李显龙按往年惯例发表新春献词，祝贺全体新加坡人农历新年快乐。他在献词中就专门提到会特别照顾年长人士，尤其是建国一代，也透露自己将在 2014 年 2 月 9 日（正月初十）的新春场合，特意在总统府举办特别活动，勾勒建国一代配套的轮廓，肯定他们为国家做出的显著贡献。而详情将在 2 月 21 日的财政预算案中宣布。

新加坡公众之前已经充分了解建国一代配套的概念，因此对于具体的详情保持高度的好奇心。新加坡政府充分把握住信息发布、信息分享、信息讨论的节奏，采取"步步为营、逐段消化"

的方式，分步骤对外发布相关的政策信息，始终让民众对该政策保持一定的关注度，也便于政府解释说明自身的政策宗旨、内涵等。预先透露将勾勒建国一代配套的轮廓，则引起民众对2月9日的聚会格外的关注。李显龙在当天邀请了千余名在建国过程中在各自岗位为国服务的老前辈到总统府相聚，举行感恩会，他们有的来自制服团体或工会，有的在社区服务，有的是普通老百姓，也有的是政治人物，包括资深反对党领袖詹时中。李显龙在这个场合勾勒新政策配套的轮廓，宣布建国一代的定义，以及建国一代配套的福利，从传播的效果来看，别具意义。

政府对建国一代的定义是：生于1949年12月31日或之前，并在1986年12月31日或之前成为公民，在本地生活或工作的第一代新加坡人。这群在2014年已有65岁及以上的国人，在新加坡于1965年独立时至少满16岁。把年龄定在"独立时至少16岁"，李显龙解释说是因为20世纪60年代，多数人十多岁就开始工作。这年龄层的人也包含1967年首批应召入伍参与国民服役者。所有符合以上条件者都能受惠。

按照这样的标准，全新加坡共有45万名在2014年满65岁并在1987年之前成为新加坡公民的人，将终身在医疗费用上获得额外援助。

建国一代将在三方面获额外经济援助——更低廉的终身健保双全保费、更多专科及普通科门诊费用津贴，以及更多保健储蓄补贴额。李显龙声情并茂地向出席感恩会的近1500名长者说："这是为特别的一代人而设计的特别配套。无论我们怎么设计，这个配套都无法充分地反映先驱们为国家所做的贡献，但希望你们能接受，这是我们的一点小心意，也希望配套能给你们和你们的家人带来帮助。"

二、政府部门联动说明

对于这样照顾老人的政策，新加坡上到总理、副总理，下到议员和基层领袖，政府其他部门的部长在出席公开活动时，都充当起"宣传大使"，利用各种场合讲解，对外说明政策的宗旨。比如社会及家庭发展部长兼国防部第二部长陈振声出席社区的一场新春晚宴，就在该场合对建国一代配套进行相关的解释说明，更进一步透露了一些内容。通过媒体的报道之后，人们更清楚政策的标准以及涵盖范围、宗旨目的等等。

在总统府为建国一代年长国人举行的感恩会上，担任荣誉国务资政的新加坡前总理吴作栋列出建国一代的特质，即"坚韧、不畏困难、愿意为国家长远利益耕耘以及团结一致的精神"，并强调那一代人对生活和工作的态度，形成一套重要的价值观，这些价值观的传承，有助于国人和国家一起走过下一个50年。

他受访时谈到建国一代面对困难时展现的韧性，以及克服重重难关的能力。他也指出，建国一代人愿意为国家长远的利益努力耕耘，不要求立即获得回报；此外他们与同代人之间培养的团结精神也弥足珍贵，即便是不同族群之间，也能够团结。

副总理兼财政部长尚达曼也在自身所在的选区举办活动，针对年长者举行建国一代配套讲解会，在基层领袖、资深艺人分别以英语、华语（包括福建话）、马来语为现场近 500 名年长居民进行解说之后，尚达曼也亲自上场，回答居民的提问。对此，他认为，要让年迈的老人完全了解政府提供的配套，并非一件容易的事情，估计要花上至少 1 年的时间，通过家访等形式，才能让年长居民完全了解。因此，要让年长新加坡人了解建国一代配套，最好是面对面用他们最熟悉的语言来传达信息，建国一代配套细节多，很多年长者不看报纸，更不会去看国会辩论演讲，因此以他们熟悉的语言来进行的讲解非常有用，但过程中无须急于解释细节，重点是让他们明白政府会照顾他们的下半生，让他们能安心养老。①

像建国一代配套这样照顾老人的政策，新加坡政府明显采取了不一样的传播方式。正式的政府发布渠道、政治人物活动、制作视频广告、艺人明星上阵、歌台表演说明、媒体讲解等多种渠道同步采用，既直接针对了老年人群体，讲解政策、说明好处，让他们具体了解政策带来的利益，同时也间接对新加坡社会大众产生连锁效应，展示政府的诚心和用心，继而在更大层面上获得道德赞誉和政治支持。

新加坡通讯及新闻部在 2014 年 5 月至 8 月首次展开政府通信调查，面对面访问 4000 名新加坡居民。调查显示，每 10 名新加坡人当中，有 8 人表示自己对重要的政策有高度认识，尽管年

---
① 《联合早报》，2014 年 3 月 24 日。

长者在理解政府信息时仍面临一些困难，尤其是不谙英语者，对政策一般较不熟悉，但他们也表示，建国一代配套的一系列宣传非常有效。

新加坡通讯及新闻部政务部长沈颖在接受《联合早报》的专访中指出，建国一代配套的沟通方式主要根据年长者的需求而定，政府接下来在宣传其他政策时，可以使用不同的形式，无须将这次的沟通过程当作"标准程序"。只要是重要的政策，政府将继续在政策沟通与包装方面下功夫。"建国一代配套的宣传不只是特事特办，它凸显的是一种趋势，是政府在沟通思维上的一个演变。"[1]

---

[1] 黄伟曼《沈颖：政府调整公共沟通策略见"回报"》，载《联合早报》，2015年2月11日。

新加坡
公共政策传播策略

第七章

反思政策：重新认知民意与政策

"在执行政策时，我们的做法必须更加灵活、考虑更加周到和更有同情心。没有任何政策能照顾到各种可能偶然发生的情况，因此政策在执行时必须有所判断，而且也要发自内心去考虑。政府提出政策的用意是使我们的生活过得更好，当出现意想不到的结果时，我们必须迅速果断地加以扭转。当我们犯下错误的时候，也应该承认并加以纠正。"

——李显龙在 2011 年总理就职典礼上演讲，谈如何更好地执行政策。

第一节
大选警钟：公共政策失误的教训

一、政策缺失导致政治反弹

在普遍被形容为是新加坡政治发展分水岭的2011年5月大选中，新加坡执政党人民行动党遭遇反对党有史以来最激烈的挑战，全国87个国会议席中共有82个出现争夺战。虽然行动党还是以60.1%的总得票率蝉联执政，不过这一成绩却比上一届的66%的总得票率跌了整整6个百分点，而且人民行动党有史以来第一次输掉一个集选区，同时痛失3位部长级重量级候选人。

根据人民行动党自身的分析，2011年5月大选之所以行动党得票率会下跌6个百分点，主要是住房和交通两大民生课题的相关政策没有到位，引起民众不满。这包括房屋供给量不足以应付需求，民众的购屋愿望没有得到满足，而公共交通方面，也由于地铁和巴士等公共交通工具上因外来人口增加而日益拥挤，交通服务素质明显下降，太多外国陌生脸孔而令新加坡民众感到不舒服等原因，让民众归咎于政府。而这两个因素都与外来人口有关，房屋供应量不足是因为外来移民增加带动需求和价格的升高，公共交通同样是因为人口增加而使得既有公共交通资源难以负荷，让民众感觉空间变得拥挤而益发不满。

其他公共领域的一些疏失也引起民众的强烈不满，包括东南亚头号恐怖分子嫌犯从内部安全局的拘留所逃脱，市区繁忙的乌节路因为暴雨淹水等问题，也是反对党在竞选期间用以批评和攻击行动党的武器。以致投票日的三天前，李显龙在午餐群众竞选大会上，放下身段为政府过去的一些失误道歉："我们向来是尽力而为，但还是出了一些疏漏，例如让马士沙拉末从拘留所逃跑，以及乌节路在一场倾盆大雨后泛滥成灾。我们不时也会犯下其他错误，我敢肯定这偶尔还会再发生。我只希望不要太频繁，但是我们犯了错之后必将承认错误，并向民众道歉，承担责任和矫正问题。"[1]

民间的不满声浪通过大选的选票宣泄出来之后，迫使执政的行动党不得不加速审视现有的政策，做出改革。大选结束之后，人民行动党在筹组新内阁、制定新政策方面动作频繁，李光耀和吴作栋退出内阁，李显龙组阁时也大换血，撤换交通部部长、主管住房的国家发展部部长，宣布设立委员会检讨部长薪金，并表示"没有任何一项政策是神圣不可动摇"，这一连串宣布和调动无不传达行动党"求变"的心意。

---

[1] 周殊钦《政策偶有偏差会尽力纠正　李总理：并寻求人民谅解》，载《联合早报》，2011年5月4日。

选举之后，整个政治气候出现转变，民意就乘势而起，希望能够促进更多政策的改革。房屋政策、教育、移民、交通、医药、公积金、生活费等民生课题，都被舆论用来检视政策的可行性，这其中显示民众也在质疑新加坡政府的执政策略以及对选民的照顾是否充分足够。曾担任多个政府部门常任秘书的退休高级公务员严崇涛就认为，这样的选举结果对新加坡来说未尝不是一件好事，既让行动党继续执政，又允许国会里有不同的观点。虽然政府大多数的政策是正确的，但也有一些是过时或者偏差需要调整。他说："如果环境和情况改变，政策当然要随之改变。没有所谓自动导航的政策，政府要不时根据局势做出调整，这并不是什么羞耻的事。"

作为执政党，面临全球局势以及新加坡人口结构、社会形态的不断变化，所有政策都应该一直被检讨，无论是涉及国家资源的重新分配，还是社会安全网和公共服务等方面，任何政策都会有自身的有效期，不可能一劳永逸，政府需要经常从新的角度来审视它们，一旦这些政策不再适用就要调整。

民间对政府调整政策的期望也非常高。政府在展示开放、开明姿态的同时，也面对新的压力，即任何达不到人们期望的决定，如果政府不能够充分解释，反而可能引起更大的民意反弹。因此，政策的解释和沟通、传播就显得特别重要。

二、政治分水岭的警醒

在 2011 年大选之后，作为长期强势执政党的人民行动党已经意识到新加坡社会开始出现长期变化，新加坡人普遍要求政治更加多元化，希望见到更多的政治竞争和更多的反对党议员进入国会。外部世界在迅速变化，新加坡也在演变。伴随着经济的进步，社会也在迅速改变之中。经历过独立建国初期的退休者、80 年代和经济迅速增长一起成长的一代、现在与网络同步成长的青少年，每一代人都有着不同的生活经历，他们以本身不同的角度和观点去看待当前的社会课题，对政治、社会发展和政策参与都有着不同的看法和期待。

2011 年这场大选之所以被定义为"分水岭"，在于以下几个方面：

1. 选举反映新加坡社会的跨时代变化

新一代的选民基于不同的成长背景而产生对国家和社会不一样的期望与理想。这一代选民日益成长为社会的主体，因此对于新加坡的政治发展将产生更深远的影响。体现在公共政策上，他们对政策将提出更多疑问，对政府的表现也将更严格要求，他们接受行动党继续执政而且有能力执政的现状，但对于行动党的政策，却不会马上认可而且更不会一定赞同。

新加坡资深公务员、曾经担任多个部门常任秘书的严崇涛这样评价选民的选择："精明的新加坡人认识到，工人党和其他反对党的候选人，可以同行动党的最佳团队媲美。工人党赢得阿裕尼的最大意义，是突破了反对党一旦获胜，新加坡将陷入混乱的恐惧心理。"[1]行动党政府的得票率这些年来不断下滑，在2011年跌至60.1%。严崇涛认为，这个趋势是新加坡政府本身政策有意或无意间造成的——新加坡人越来越不相信政府的决策是为了大家的好处。早年，李光耀对人民的号召是新加坡必须自力更生。尽管听起来有点苛刻，老一代的人却是相信李光耀和他的政府是以新加坡人的利益为先的。今天，没有经历过早年艰辛岁月的年轻一代，却不愿意给政府这样的肯定。他们要根据政府的行动而不只是承诺，来做出判断。

2.选举中行动党破天荒失去一个集选区

集选区制度，是人民行动党政府为保证少数种族在国会能够有足够的代表而于1988年设立的，每个集选区有4到6位议员，集选区对其中的少数种族的议员数量做出具体规定，参选的政党必须按照同样的要求推选候选人，其中最少有一位必须是少数种族（马来、印度或欧亚裔）。人民行动党政府推出集选区制度，确实有效保证了少数种族在国会中的代表比例，但也被反对党批评为"母鸡带小鸡"的不公平制度，行动党部长级人马坐镇集选区，带着新人上阵，反对党难以寻找到同样分量的候选人，容易处于劣势。但是2011年大选中，最大反对党工人党秘书长刘程强离开经营多年的单选区，率队破釜沉舟挑战外交部部长杨荣文带队的集选区，并最终战胜行动党候选团队，创造了新加坡的政治新历史。行动党因此损失了三名部长级人物，包括外交部部长、

---

[1] 严崇涛《2011新加坡大选对政府的启示》，载《联合早报》，2011年6月24日。

外交部高级政务部长以及财政部第二部长,由于新加坡的制度规定只有当选议员者才可以被委任担任政府内阁职务,原来担任政府高官的3位候选人在议席落选之后,都必须因此退出政坛,无法再继续担任任何政治职务。

杨荣文等3人的落选,一方面行动党政府可以借此反驳反对党过去关于集选区只对行动党有利的说法;但另一方面,对于推崇精英政治的行动党来说,集选区的落败意味着多个议席的丧失,以及多个政治精英人物的流失,对于政治布局、政府管治、领导层更迭、政策规划和实施都产生巨大的挑战。尤其会让行动党政府感到紧张和压力的是,这样的落败显示选民不惜让行动党失去集选区,愿意让反对党尝试监督政府的新的方式和格局,而一旦选民消除心理障碍和恐惧感,即执政党失去集选区并不会是新加坡的政治灾难,在未来的选举中,会对行动党与反对党的竞选产生怎么样的冲击?从这个角度看,2011年大选这样的结果确实具有分水岭的意义。

3. 李光耀和吴作栋在选后退出内阁,宣布一个时代的终结

李光耀自1959年当选新加坡总理后,历经自治政府、新马合并、独立建国,他和建国一代的内阁同僚共同打造了现代新加坡,是第一代领导人的灵魂人物。1990年卸任总理后,担任内阁资政,依然对新加坡的政治和社会发展发挥相当的影响力。吴作栋1990年接任总理,2004年卸任。李显龙接任总理后,李光耀继续担任内阁资政,吴作栋担任国务资政,政府内阁中同时还存在两位前总理,虽然在任部长们均表示,李显龙总理和年轻部

长们早已接手，两位前总理只是提供意见，这固然可以解释为希望借助他们过去积累的政治资源和国际影响力，而且他们两位同样在民间拥有充分的支持度，也在新加坡的国际交往中扮演重要的角色，但是从政治安排的角度，部分选民更希望看到的是制度化的领导人真正的更迭，不然两位前总理还在内阁中担任职务，其中的政治影响和权力分配，难免会引起民间的联想。

2011年大选之后，李光耀和吴作栋宣布退出内阁，成为一个非常具象征意义的改变，行动党用这样的方式强烈表明自身要改变的意志。李光耀和吴作栋在2011年5月14日联合发表声明，表示已研究了新的政治局面，也思考了它将如何影响新加坡的前途，并表示个人已为新加坡的发展做出贡献，现在是让总理李显龙和他的年轻领导团队有个全新阵容的时候。他们认为年轻一代除了有个不腐败及重视任人唯贤的政府，以及享有更高的生活水平之外，也要求政府在做出将影响他们的决定时，同他们进行更多的沟通。因此，在这次分水岭大选后，他们都决定离开内阁，让一支全新的年轻部长团队去和年轻一代国人联系，以塑造新加坡的前途。

李光耀与吴作栋退出内阁的声明中，强调年轻一代要求政府在做出将影响他们的决定时，同他们进行更多的沟通，彰显选举之后如何说服民众理解和更好地接受政府的政策，显得更为重要。换言之，公共政策的传播策略占据更重要的地位。

三、公共政策传播策略益发重要

新加坡政府给人们的普遍印象是，制定政策着重长远规划，推行政策的时候容易就事论事，更像是一个企业，变得不会变通和少了人情味。因此，政府在推行政策的时候，就要思考如何向人民靠拢，把人民摆在所有政策的前面。如果政府决心要为政策负责、坚持推行相关政策，就必须解释和说服民众。如果民众不接受，就要了解原因是什么，甚至要考虑改变政策，而不能再不管人民接不接受都一意孤行——这样的方式在2011年大选之后益发显得不合时宜。

在大选之后的就职典礼上，李显龙在就职演说中详细阐述了他对政府推行政策与民众互动的理念，认为政府必须以跟社会和人民同样的步伐演变。以符合时代精神和人民抱负的方式去服务和治理，是最佳方式。政治也不能故步自封。更多的利益群体和可选择的观点已经出现，并竞相争取支持。新加坡的政治体制能够也必须容纳更多的观点和开放更大的辩论空间，使人民有更大的参与感。

李显龙清楚地看到，新加坡人显然对政府的实质政策和执行方式都十分关注。他们对具体的领域如住房、医疗保健和移民政策都有忧虑。许多群体如退休者、单身家长、中产阶级、年轻人甚至学生，都要政府对他们的困难和处境做出更及时的反应。"在执行政策时，我们的做法必须更加灵活、考虑更加周到和更有同情心。没有任何政策能照顾到各种可能偶然发生的情况，因此政策在执行时必须有所判断，而且也要发自内心去考虑。政府提出政策的用意是使我们的生活过得更好，当出现意想不到的结果时，我们必须迅速果断地加以扭转。当我们犯下错误的时候，也应该承认并加以纠正。"

李显龙也表示，政府将与来自社会各阶层的民众接触，包括年轻人和年长者，学生、工人和退休者。"我们将通过互联网和在实际的接触中与他们联系。我们将细心聆听不同的声音，了解新加坡人日常生活的困难和压力，以着手处理他们所关心的事情，并对政府能如何做得更好，采取开放的态度。事实上，我们也不可能满足每个要求或接受每项建议。但是，在制定政策和治理新加坡时，透过包容性的对话与新加坡人接触，我们可以更好地解决我们的问题，并一起塑造新的新加坡。"

对于政策的执行方式，李显龙提出"将完全以新的角度去探讨我们的问题和政策，重新思考新加坡的未来需要些什么，以及什么才是最好的。我们将处理新加坡人关注的课题，如医疗保健、住房和移民政策。我们将检讨政策与执行方式，以从更广泛的层面来应对这些课题。即使是在思考更为艰巨的长期挑战的时候，我们也必须快速处理一些迫切的问题。虽然新加坡人相信我们的政策大多有效，但没什么东西是神圣不可侵犯的"。[1]

此外，在不同的场合，李显龙也这样要求他的议员和部长们，"必须以包容，而且是协商式的方式来治理国家，同时不削弱政府的角色"，"必须能说服新加坡人支持行动党和党的政策，并

---

[1]《李显龙就职演讲全文》，载《联合早报》，2011年5月22日。

动员全体国人一起为新加坡创造更为美好的前途"。议员则需要同掌管各部门的部长更紧密配合，向选民解释政府所推行的政策的用意。同时，行动党政府必须更新与选民接触的方式，包括多咨询他们的意见和加强互动，同时一起制定解决问题的方案，以确立共同的拥有感。任何政治的根本都在于赢取民心，民众对政党或政府的信任是基础。公共政策要想得到有效传播和实施，就需要加强与民众的沟通，让他们建立对政策的参与感，继而认同政策。

任何政策都会遇到批评和反对的声音。政府有必要细心聆听批判者的声音，在必要的时候就相应地调整政策。但新加坡政府也很清楚，制定政策时也不可一味迎合公众，应有勇气做出正确的决定。坚持立场时态度诚恳虚心很重要，应想方法说服人们，而不是傲慢以对。换言之，不能为改变而改变。有些是政策的问题，有些可能只是实施过程有偏差，需要确认清楚，哪些是需要改进的地方，哪些是需要调整的地方，哪些是需要刹车的地方。

李光耀就认为，人民行动党政府在2011年5月大选中输掉6个国会议席并非是灾难性结果，也不意味着新加坡接下来将出现一味迎合民众要求的民粹主义政府。这只是反映了人民情绪上的变化，并不是一个灾难。人民情绪变化的趋势是否会持续下去，要视新国会议员的表现以及行动党政府将如何做出反应而定。

四、从选举看执政党与民众沟通新方式

新加坡在 2011 年 5 月的全国大选和 8 月的总统选举，过程的激烈程度不是那么理所当然的结果，对于外界重新认知新加坡的政治形态和政治形象，是直接而有力的参考和佐证。新加坡人自己也让外界刮目相看，很多人没想到新加坡的选民政治热情如此之高。很多新加坡选民借助这两场选举，不断确认彼此对政治版图的预期是否一致。一些人期待通过选举的方式，和其他选民一起建立一种共识和新的契约，对新加坡未来的政治进行想象。

新加坡人不再政治冷感，也不再甘于做所谓的经济动物，制造了新环境下的"新新加坡人"的形象。这也必然打破旧有的执政党与民众沟通的方式，迫使执政党适应环境的改变，采取与时俱进的渠道和途径，力求达致既往的信任与委托。

被打破的还包括一些沟通模式和理论的建构。传播学界多从"沉默的螺旋"的角度强调舆论主导的重要性以及确立集体意识的可能性。多年来诸多政治和社会事件也不断证实这一理论的有效性。然而在 2011 年的总统选举中，政府刻意与候选人保持距离，却是为了避免政府强势支持，引起不必要的反弹情绪，候选人得到诸多团体表态支持，从选票结果看，也并没有形成"沉默的螺旋"效应，让众多选民在"多数意见"公开形成之后产生附和的压力。

这是和 40 年前产生"沉默的螺旋"理论的那场德国选举不大相同的心理和结果。理论需要更新，对选民心态把握也需要更新。从选民的角度来说，候选人的真实理念、行动力等不一定是

最重要的投票关键。很多时候,这取决于民众心理的一种暗示和散播。不少人觉得,反正某个候选人一定当选,我的这一票何妨带着些"挑战权威"的实验色彩?不愿成为"沉默的螺旋",则会形成反作用力。甚至,在一些人的内心里有一种隐隐的快感:我倒要看看是否会出现意料之外的结局。微妙的内在心理活动,借助现代高科技手段的传播,在极短时间内就能达致几何级数的延伸,看似散漫,实则效率惊人,由此而产生的认同也会更直接和迫不及待。

2011年从5月的全国大选一直持续到8月的总统选举,对于执政党的震撼自不待言,围绕选举而产生的种种表达、激辩,看得到无数激情喷发的新加坡人,已经不再只是传统认知中的"经济动物",时时处处大胆发言,选择投票对象,以至酝酿有形无形的风暴,让人刮目相看。

一直以来,新加坡经济至上的观念深入人心,高效廉洁的政府、先进一流的亲商环境,是新加坡多年来始终保持极强的竞争力的根本。包括对外投资贸易,讲求和鼓励的也是如何搭乘顺风车,以便获得丰厚利益。因此,对于充分享受硕果的新加坡人来说,自然而然形成首重经济的国情特色。然而,社会变革的速度日益加快,新加坡也无法自外。与此同时,人们在传统的意识形态框架之中沉默日久,选举,就成为表达心声的最佳舞台。

2011年的两次选举,让外界警醒新加坡社会的分化与差异,政府有必要检讨政策的制定与实施,也从另一个方面让人看到"沉默的螺旋"反作用力释放的政治觉醒。这份政治觉醒以及"新新加坡人"形象的出现，让旧有的印记走出"经济动物"的躯壳，积极表达，对新加坡社会的发展不无裨益。

当然，觉醒之中的理性，是一个更高的标准，特别是在一个信息充分自由的大环境下，想了解什么唾手可得，却也在选择性地接收信息之时，更容易形成盲点，继而形成一种"理性的无知"：选择性地去了解自己所想要知道的部分，至于其他内容，在理性对其自我屏蔽之后，却是草草带过。这也为政府的公共政策传播带来了很大的挑战，有必要更深入而细致地把握民众心理的变化。

第二节
人口白皮书：政策沟通不足的反思

一、人口白皮书的出台与初衷事与愿违

面对新加坡民众对外来人口的批评产生的政治压力，2011年9月，李光耀在访问俄罗斯时，表示引进移民速度暂时必须放缓。他说："除非要成为另一名斯大林，否则新加坡领导人绝不能与民众脱节，因此新加坡引进移民的速度暂时必须放缓。新加坡人不喜欢在地铁上看到太多陌生的面孔。作为由人民投选出来

的政府，我们有必要考虑民众的看法。"①

为应对2011年大选中反映出来的民众不满的因素，短期来说，硬件方面政府部门可以通过投入资源，增加房屋供应和公共交通设施，以满足供需平衡和民众需求。但是，新加坡面对的人口问题是切实存在而无法回避的，外在两难的境地。生育率已跌至1.2左右，无法达到人口自然替代的水平，单凭低下的生育率，除非引入移民，否则新加坡人口就会像日本那样面对人口老龄化和萎缩，而劳动力和白领人才短缺，更需要吸纳外来人口支撑经济发展。理论上，新加坡需要移民，但心理上，新加坡人不乐意看到太多移民。这对政府拿捏人口政策是非常大的考验。因此，需要从长远的角度，对人口课题进行长期规划。新加坡政府开始在选举之后，着手拟定人口白皮书，以对未来的社会、人口、公共资源进行整体上的部署。

经过新加坡总理公署、国家人口及人才署联同多个政府部门筹备了超过1年，收集了近2500名公众反馈所拟定的《人口白皮书》，在2013年1月29日由新加坡政府发布，全面提出未来的人口政策规划。白皮书指出，新加坡人口未来17年可能增加超过100万人，预计从2013年的531万人增加到2030年介于650万至690万人之间。

白皮书预计，新加坡人口会在2020年先达到580万至600万人；到了2030年，公民人口在新公民的"补充"下将由360

---

① 杨永欣《李光耀：只是反映人民情绪变化　输掉6个议席不是灾难》，载《联合早报》，2011年9月28日。

万到380万人组成，永久居民会保持在50万至60万人水平，其余240万至250万人是非居民。而且人口结构将无可避免地出现显著变化；新加坡公民人口比值将萎缩，从62%缩小至55%。

新加坡政府对白皮书的发布，采取了非常重视的姿态，由主管人口事务的副总理兼国家安全统筹部部长及内政部部长张志贤率领6名部长一起召开记者会，并形容这是"政府首次绘制出一个全面的人口发展路线图，以此为新加坡人口政策争取最好的平衡"。他也强调，新加坡政府将通过坚守新加坡人为社会核心、为新加坡人创造良好就业机会和提供优质生活环境三大原则，实现人口白皮书所勾画的"可持续的人口，朝气蓬勃的新加坡"愿景。

在白皮书发布的前一天，新加坡总理李显龙在一场对话会上，坦承政府缺乏全视野远见，2005年时为赶搭经济列车大量引进外来人口，以致基础设施建设跟不上人口与经济发展步伐，引发民怨。这一表态显然是为人口白皮书次日的发布做出铺垫。因此，张志贤强调，政府这次拟定的人口白皮书不只放眼到2030年，确保各方面计划与人口增长同步，也着眼中期，改善眼前问题。

在确保新加坡人组成社会核心，推动生育率提升的同时，新加坡政府也将继续每年适度引进15,000至25,000名新移民，避免公民人口萎缩。同时需要继续适度地引进外籍工人，从事较低技能的工作。

李显龙还特意在当天针对新出炉的人口白皮书在脸谱网页上留言，重申政府为了年轻一代，必须确保新加坡继续繁荣。他说，新加坡的人口挑战既艰巨又复杂。"重要的不只是（报章）头条标出的数字，而是确保新加坡拥有正确的公民和永久居民组合，为国人创造多姿多彩的机会，以及打造一个提供高素质生活的城市和最美好的家园。"

人口白皮书公布之后，新加坡国家发展部紧接着发布"为新加坡未来人口打造优质生活环境"的土地资源规划书，勾勒出未来的土地规划将如何满足扩大后的人口需求，并誓言要把新加坡持续打造为世界最宜居的城市之一。包括填海造地扩大国土面积，到 2030 年从现有 714 平方公里扩大到 766 平方公里。冀望以此消除白皮书出炉后，许多人质疑新加坡能否容纳得下这么多人口，以及对生活空间越来越拥挤的担心。

虽然新加坡政府对白皮书的发布做了一定的准备，但是民间舆论还是被 690 万人口的数字所震惊，并产生了强烈的反弹。当地媒体在白皮书发布隔天进行百人街头调查，有多达六成的公众表示无法接受人口增至 690 万，担心公共交通与住房等基础设施无法负荷。反对党工人党则针锋相对地提出另一份人口规划报告《朝气蓬勃的人口，可持续的新加坡》。即便是在民间的基层领袖之间，他们对白皮书所披露的 2030 年预估人口 650 万至 690 万人都颇有微词。有的担心这将导致对资源的竞争更激烈、压力更大，致使更多人对生育裹足不前；有的则质问到了 2030 年仍不能达到 2.1 的人口替代率的话，是否又会发表另一份白皮书。这些都浓缩了民间的普遍反应。

国家发展部部长许文远借助博客澄清，690 万不是人口预报或目标，而是"最糟的情况"，是长远规划的参数，未来的基础建设必须按照能够容纳这一庞大的人口数量来进行建设。李显龙也随后通过个人脸谱网页表示赞同："我完全赞同许文远对690万人口的解释，它不是一个目标，而是我们必须准备应对的最糟糕的情况。我们需要有意识地和负责任地规划未来，这样新加坡人才能继续享有高素质的生活，新加坡也会继续繁荣。"

许文远也继续用典型的行动党作风解释白皮书的长远意义："我们推出这两份报告，因为我们深知人口变化会带来极其严峻的挑战，假如处理不当，我们的孩子将要受苦。我们不能假装问题不存在，视若无睹，留给后代去解决。那是很不负责任的，也不符合我们的作风。"

他说："采用太大胆的预估，并在它的基础上进行规划是比较保险的做法，才不会像现在一样捉襟见肘……我们不希望达到这个（人口）数字，可能我们也根本达不到。不过对规划师而言，必须确保在必要的情况下，基础建设能够容纳这一人口数量。我们希望最终的数字会远远低于它。"

白皮书发布不久，就开始经历国会辩论。经过超过70名议员连续5天、被副总理张志贤形容为"鲜少见到朝野两方这么情真意切"的辩论，人口白皮书动议在经过修改之后，以77张赞成票、13张反对票及1人弃权的结果在国会通过，成为新加坡独立以来，最多议员参与辩论及最多反对票的一次动议表决。

一个体现行动党政府在民意反弹的压力面前进行调整的最显著证明，就是在国会辩论开始不久即有人民行动党议员连荣华提出修改动议，之后参加辩论的所有行动党议员都转而支持修改动议。修改动议主要包括两项修改，即删去"人口政策"字眼，并清楚写明2020年后的人口预测，是为协助土地资源和基础设施建设的规划，并非人口增长目标，以及连带写明政府将关注的4个事项，包括会对人口政策展开中期检讨。有行动党议员更直言"若非动议做了修改，好多行动党议员都会觉得难以支持"。

在辩论阶段，李显龙以3种语言参与辩论，发表了超过1小时的感性讲话，向国民保证，政府向来以国民利益为出发点，也会确保人口政策所取得的益处造福新加坡人。说到动情处，李显龙眼眶泛红，并表示人口问题不只是政府或是人民行动党的问题，而是所有新加坡人，包括所有政党共同面对的问题。需要超越辞令去发展实质的计划，解决挑战及改善生活。李显龙说："恳请你们支持，与我们携手共进。"有官委议员起初反对白皮书，但被李显龙的话打动，选择弃权。最终投票阶段，反对党工人党所有议员、3名非选区议员以及3名官委议员投了反对票。

在之后举行的新加坡经济学会人口白皮书讨论会上，多名学者针对主导白皮书论述的一些观点进行批评，认为《人口白皮书》中所设定的目标应超越经济考量，政府应为自己在规划书中所做的各种假设提供更具体的论述。

二、沟通不足导致批评

人口白皮书引发的反弹是前所未有的。即便是执政党自己的议员，都在国会发言时批评政府仓促推出白皮书，本意虽好，但提出方式欠佳，并没有像过去在国会提交法案前一样，先征询公众对白皮书草稿的意见。这份关系到新加坡和新加坡人未来的白皮书，揭露了政府在新常态下与民沟通不足的尴尬。有议员就批评白皮书中的论述让人觉得一切已有所规定，却未阐明不同规划所可能出现的情境，以及将会如何影响人们的生活。它也未事先通过刚刚建立的"我们的新加坡对话会"这个平台收集新加坡人的意见。

平心而论，《人口白皮书》确实是一份着眼长远的理性规划。但是，由于民众对于外来人口的增加导致公共资源的紧张和生活空间的拥挤，还是属于心有余悸的阶段，2011年大选中的情绪仍然普遍存在。在这样一份影响到每个新加坡人的人口规划白皮书制定和发布的过程中，新加坡政府应该对可能产生的敏感性有更深的预估，事先广泛征询民意，并借征询和咨询政策的过程，向民众有意识地讲解白皮书中所提及的"硬道理"。否则人口课题若处理不好，虽然国会能够顺利通过，但如果是"赢得了一次战斗，却输了一场战争"，就得不偿失了。

最令人瞩目的反弹是大规模的集会抗议。虽然国会在2月8日通过修正的人口白皮书动议，但人口议题在民间所引发的强烈情绪仍然继续发酵。2013年2月16日，尽管阴雨绵绵，仍有数千名民众挤满足球场般大小的芳林公园,出席反人口白皮书和平集会,以表达自己对于国家长期人口规划的不满。不少出席者担心人口的增加将使基础设施不胜负荷,也对政府与民众的沟通方式欠佳表示不满。

新加坡政府在民意的强烈反弹中意识到了政策沟通不足的地方。当年春节期间的大年初一,李显龙去看望医护人员时还谈到白皮书,表示政府将非常仔细地检视这次推出人口白皮书的经验,就如何具体改善推出白皮书的过程,李显龙坦承将检讨如何改善与人民沟通的方式。人口课题是非常复杂的议题,同时容易激起情感,民众在看待这一课题时,既有理性的判断,也有很多感性纠葛。政府政策不能够忽略民众可能产生的感受和回馈。李显龙就表示,白皮书课题涉及比较情绪化的问题,大家都持有非常强烈的意见,所以必须顾及人民的情绪与感受。他也吁请人民花时间去深入了解这份白皮书,明白政府的用意,而政府也将检视这次推出白皮书的经验,希望下次能做得更好。①

人口白皮书的发布还发生了一个小插曲。白皮书的注释将看护服务列为"低技能工作",引起了医疗人员的强烈不满,副总理张志贤在国会表示将修改这一注释,卫生部也发表道歉声明。李显龙则在春节拜年时向所有医护人员道歉。这一疏忽,也令饱受批评的白皮书再减少了一部分人的支持。

随着新加坡人的要求愈加多元,政府治理国家的重责也愈加

---

① 黄伟曼《李总理:人民要花时间了解人口白皮书 政府也将检讨改善与人民沟通方式》,载《联合早报》,2013年2月12日。

艰难，因此政策的沟通显得尤为重要。690万人口的计算是长远估计和规划参数，并不是短期内要达成的目标，白皮书中虽然有提到接下来要如何从不同方面应付人口增长，但当中细节太多，整体信息并没有清楚地传达开来。所有舆论的目光都被690万这一惊人的数字所吸引，即便李显龙呼吁大家不要只关注报章头条的数字，但恰恰这一数字才是最大的传播亮点，而数字背后的成因、所蕴含的意义、来龙去脉，却在围绕这一数字的巨大震撼的争议中，被忽略了。

三、白皮书传播的首因效应和加倍效应

新加坡政府在人口白皮书课题上的教训是，首先，事先没有进行充分的公众咨询和政策参与，2500名参与调研的公众并不是整体人口政策和规划的参与者。因此，公务员如果是在"象牙塔实验室"内制定的政策，在现实生活中必定面临许多挑战。即便在2014年9月，还有学者批评："《人口白皮书》是唯经济主义思维的最佳写照，政策制定者把各种数字加在一起，以为理论上会出现某种理想情况，但公众还是无法接受。"[1]

其次，对传播过程中的震撼效果的首因效应和加倍效应的准备和应对不足。首因效应是形容传播过程中所制造的第一印象的

---

[1] 林子恒《社会学取代工程学　总统奖学金得主转修"软性科目"》，载《联合早报》，2014年9月8日。

结果，往往最持久、作用最强。在信息发布之后的初始阶段，最初的报道往往就会定下稍后报道和评论的基调，造成公众的定式思维。因此，第一时间的陈述将产生决定性的影响。

而加倍效应则是指由于传播效果受到传播时机、传播手段、传播量等因素的制约，如果错过最佳的传播时机，想要达到同样的传播效果，需要诉诸加倍的传播活动。尤其是在第一时间的首因效应已经确定舆论的印象之后，在第二、第三时间想要通过发布信息改变人们的观点或是澄清事实，需要加倍的努力。如果丧失了先机，再想引导或重新制造舆论，将要付出高昂的代价。

2013年年初的人口白皮书发布之后，引起新加坡民间的强烈关注。主管人口事务的总理公署部长傅海燕出席新加坡宗乡会馆联合总会主办的座谈会，以理性的政策解释修补民众对白皮书的负面反应

以人口白皮书的例子来说，690万人口的规模形成了首因效应，民众的关注焦点完全被这一数字左右，造成了社会各阶层的定式思维和印象，并在民众沟通交换意见的过程中彼此影响。尽管政府部门和部长甚至总理其后进行解释，690万人口只是参考

规划、是最坏的结果，但改变人们的第一印象，就需要数倍甚至更多的努力，重新引导或重新制造舆论，就非常困难了。最终是通过修改动议，对相关字眼进行修饰调整并表明具体立场的情况下，才在国会通过。在民间，主管人口的总理公署部长傅海燕也忙着穿梭于各种对话会，与不同的社团、组织、机构、基层进行对话说明，以理性的政策解释一点点修补民众对白皮书的负面反应，这就是首因效应形成的强烈印象、需要加倍效应加以弥补的充分体现。

新加坡
公共政策传播策略

第八章

众声喧哗：
新媒体时代的民意表达与政策传播

"我们做决策时，在分析这些电邮或网帖时，不可能按照所收到的意见当中，多少则是支持的、多少则是反对的，进而计算出支持者有理或反对者有理。我们必须了解这些意见代表什么。"

——李显龙 2010 年谈政府应该如何准确地辨别和判断网络上的民意。

第一节
新加坡新媒体发展概况

一、民众随时发布和制造新闻

2011年的新加坡大选，公共交通是竞选期间的热议话题，也是引起选民对执政党不满的领域。选举后，李显龙在组织内阁时，换掉了原来的交通部部长，曾任海军总长的吕德耀出任交通部部长。在宣誓就任3天之后，吕德耀就独自"微服私访"，视察巴士服务。眼尖的乘客们发现部长也在巴士车上，而且身边没有秘书或官员陪同，都大加赞赏。一位女乘客拍下吕德耀在巴士上看报纸的照片，把它上传到吕德耀的脸谱网页和当地一家社交媒体网站Stomp上，并留言："今早7时15分看到新交通部部长在30号巴士上，大概是搭巴士去上班，很高兴看到他身体力行！"

社交媒体网站的传播，一旦引起关注，同样会引起传统媒体的注意，并加以报道。于是吕德耀就在接受采访的过程中，借此向报纸介绍自己搭乘巴士和地铁上班的过程，了解交通拥堵情况的用意,制造了体察民情、务实工作的公共形象,有效地实现了借助新媒体传播、带动传统媒体跟进继而达到有效的传播流程。而且新媒体的传播是由民众自动自发拍摄、上传,属于"自媒体"的传播行为,非专业的新闻生产反而能够在传播过程中赢得受众的信赖,主动地通过社交媒体再度分享、传播、评论,达到意想不到的效果。

几天之后,再度有网民拍到吕德耀早上搭乘地铁,和乘客一起挤车、亲自视察繁忙时段交通情况的照片,并上传到社交媒体网站 Stomp 上。再次"微服私访"同样赢得了多数网民的赞赏和踊跃讨论,也有人到吕德耀个人的脸谱网页上留言,除了表达支持,还针对公交服务提出意见。最令人印象深刻的是一位网民的留言:"我虽然是反对党支持者,但你赢得我的尊敬,我不期望你马上能做出成绩,但至少你的努力让人欣慰。"

部长"轻车简从"搭乘公共交通,网民偶遇拍照上网,在大量的关注之中,并没有人去质疑这是否是摆拍或是作秀,因为这些并不是新加坡政治人物的做派。但这一传播事件充分展示了新媒体时代,民众随时可以成为新闻的发布者和制造者,并通过便利的平台得到广泛的回应、互动和传播。网络的快速广泛、智能手机的高普及率、社交网络平台的多元,都使得在新媒体时代,民意的表达和参与拥有前所未有的能量,也进而影响民意与公共政策的互动。

二、电脑与网络的高普及率

根据统计,从整体行业发展的角度看,新加坡信息通讯业年产值在 2012 年达到 1025 亿新元,[①]比 2011 年增长 22.8%。

在家里使用电脑的比值,2012 年的数据显示,60% 的新加坡家庭拥有 2 台或以上电脑,25% 的家庭拥有 1 台电脑。15% 的家庭家里没有使用电脑。2003 年至 2012 年的家庭电脑使用变化详见图 1:

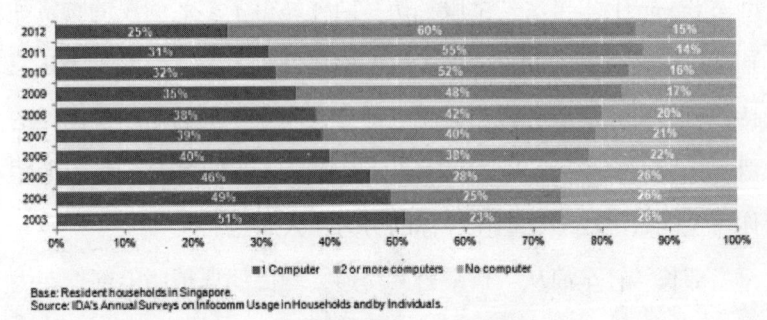

图 1:2003 年至 2012 年家庭使用电脑数据

家庭使用互联网的比例自 2003 年起已经超过 66%,2009 年开始达到 81%,2012 年则为 84%。图 2 为 2003 年至 2012 年的增长图:

---

① 《新加坡信息通讯业年度调查 2012》,新加坡资讯通信管理局。

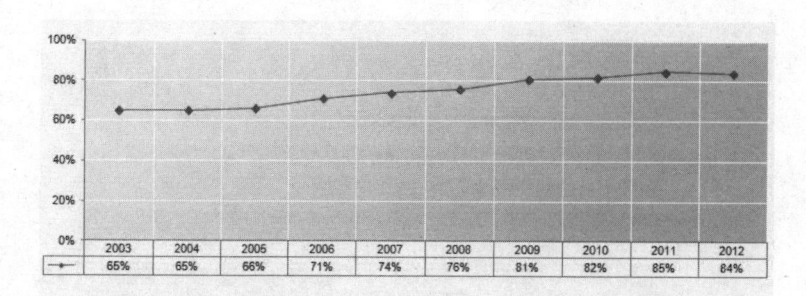

图2：2003年至2012年家庭使用网络数据

家庭使用宽带的比例同样发展迅速，2003年时家庭宽带渗透率为40%，2012年则为84%，图3为2003年至2012年发展图：

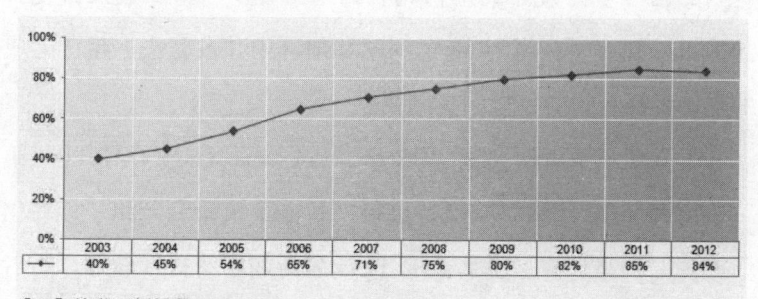

图3：2003年至2012年家庭使用宽带数据

年轻一代使用电脑和网络益发普及，这是全球性的社会生态改变，新加坡同样不例外。作为注重资讯科技发展的国际化都市，新加坡对于网络科技的采纳和推广更走在很多国家前列，因此年轻一代的网络使用和社会参与都十分普遍，既改变了传播生态，也为公共政策的传播带来了新的外部环境以及挑战。

	7 to 14 years	15 to 24 years	25 to 34 years	35 to 49 years	50 to 59 years	60 years and above
a)	98%	98%	96%	83%	49%	16%
b)	98%	99%	98%	84%	51%	16%

a) Individuals who have used a computer in the past 12 months.
b) Individuals who have used the Internet in the past 12 months.

Base: Residents in each age group.
Source: IDA's Annual Surveys on Infocomm Usage in Households and by Individuals.

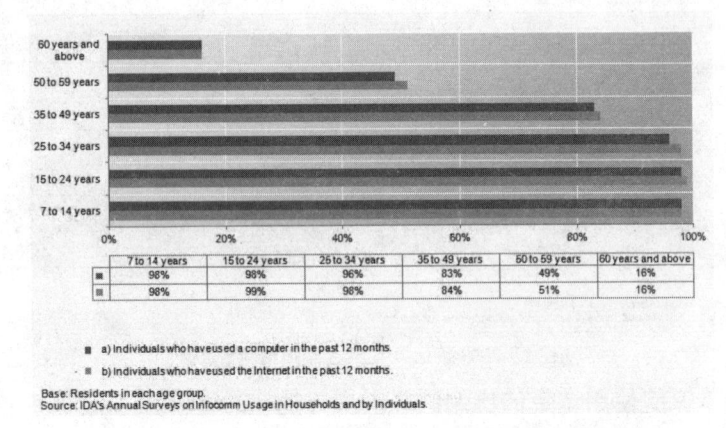

图 4：2012 年各年龄层使用个人电脑和网络情况

2012 年 6 月发布的一份调查结果就显示，新加坡人偏爱智能手机，拥有率在世界 58 个国家和地区中独占鳌头。超过七成的受访者拥有智能手机，见图 4。

爱立信消费者研究室（Ericsson Consumer Lab）在 2011 年第三季度和 2012 年第一季度，进行"智能手机研究"和"移动生活方式"网络调查。前者共有 1254 名新加坡消费者参加，后者则有 500 名新加坡本地人受访。在受调查的 58 个国家和地区中，智能手机在新加坡的渗透率最高，74% 的受访者拥有智能手机。紧跟其后的是中国香港和排名第三的阿拉伯联合酋长国，拥有率分别是 73% 和 64%。

在新加坡，多数用户主要用智能手机发送短信和上网，接下来才是通电话、收发电子邮件、使用应用软件、上社交网站，以及观看视频。智能手机与普通手机最大的差别就是能够上网，新加坡用户可以说是充分利用这项功能，有近 89% 的用户用手机上网。为了上网，他们会利用无线上网或电信系统网络下载数据，但还是有15%的人不用手机上网。

公布和分析该报告的爱立信消费者研究室认为，新加坡用户普遍较年轻，熟悉科技产品，而且多数懂得如何用手机上网。此外，新加坡的电信基础设施完善，是新加坡用户经常上网的原因之一。

平板电脑的拥有率方面，新加坡在这项调查中仅次于中国香港，有31%的受访者拥有平板电脑，比中国香港少3个百分点，挪威以20%排名第三。[1]

2013年爱立信消费者研究室的数据则显示，新加坡的智能手机渗透率从2012年的74%上升至78%，不过全球排名则从第一滑落至第四。韩国以91%的渗透率排名第一，中国香港和挪威分别以83%和81%排第二和第三。

新加坡人使用智能手机主要是用来发短信、上网和使用聊天应用软件与亲友联系，这与全球趋势一致。平板电脑在新加坡的渗透率则比2012年增加11个百分点，达到42%，在全球排名第三。排第一的是香港，渗透率约50%，挪威以45%的渗透率排第二。

2012年，有70%的新加坡用户使用应用程序（app），2013年则为75%。[2]

遍布城市各个角落的无线网路也将带动民众使用网络的频率

---

[1]《联合早报》，2012年6月19日。
[2]《海峡时报》以及《联合早报》，2013年6月18日。

和密度。新加坡资讯通信发展管理局2014年3月宣布推出新一代免费无线上网系统Wireless@SG,公众能够更快捷方便地在公共空间免费上网,无须登记或输入密码,就能轻易连接无线网络。连接热点将在2014年之后的两年内增加3倍,达到2万个,地点将更为普及,主要会在旅游景点、中小企业办公室或建筑、商场、地铁站月台等人流比较多的地方。80%左右的热点地区使用光纤宽带网,每个热点地区能同时让30个人上网,网速可达每秒2兆(Mbps),这同3G移动网络每秒1至8兆(一般下载网速)相差不远。

根据英士国际商学院(INSEAD)在与世界经济论坛(WEF)以及康奈尔大学S.C.约翰逊管理研究院在2014年4月25日发布的"2014年全球信息及技术报告:大数据的风险和回报"的调查报告,在148个发达和发展中国家和地区当中,新加坡的网络就绪指数(Networked Readiness Index)再次排第二位,仅次于芬兰。

该项调查始于2012年,主要是利用网络就绪指数对这些国家进行排名,以了解这些市场如何使用信息和通信科技来增强其经济生产力和社会发展。中国、巴西、墨西哥及印度等排名较低的许多大型新兴国家在这一发展方面面临困难,中国2014年的排名下跌四位至62,报告称,中国排名下滑主要是因为其他经济体的发展较快所致。整体而言,中国在信息和通信科技投资、商业环境和新科技等方面的发展落后于其他经济体。[①]

---

① 《联合早报》,2014年4月26日。

三、网络发展目标的战略部署

新加坡在网络和新媒体领域能够在普及率、使用率、科技水平等方面占据领先地位，与其非常有步骤、有规划地进行长期战略部署有直接关系。2006年6月，新加坡政府曾公布"智慧国2015"大蓝图，要让新加坡在10年后将拥有新一代的宽带网络和资讯通信科技，让资讯科技与学习、休闲、工作和经济发展更紧密地结合在一起。这一蓝图耗资预计达数十亿新元，其中电子政府5年间会投资20亿新元，另外有50亿新元左右用来建设有线宽带网络。

这样一来，到2015年，新加坡能够实现6大目标，分别包括：九成的家庭将使用宽带网络；有学龄儿童的家庭百分之百拥有电脑；在利用资讯通信科技为经济和社会增值方面领先世界各国；资讯通信科技业将创造8万个就业机会，即55,000个资讯类工作和25,000个支援类工作；资讯通信业的增值将增加一倍，达到260亿新元；资讯通信业出口的收入将翻两番，达到600亿新元。

为实现蓝图的6大目标，新加坡政府拟订了4大策略。最为重要的就是铺设新一代的网络基础设施，包括建设有线和无线两种宽带网络。有线的全国宽带网络将提供100Mbps至1Gbps以上的超高速服务，连接所有家庭、学校和企业，这样的速度，足以支撑高清晰度互联网电视、视频会议、远程医疗等高需求服务。无线宽带网络则会辅助有线网络，在主要人流集中的地区、商业服务区提供无线宽带上网服务。第二个策略是协助新加坡本地资信企业加强技术，让它们以"新加坡制造"的产品品牌在国际市场竞争。为此，新加坡政府率先设立"新加坡电子政府领袖中心"，传授外国政府官员新加坡在电子政府服务方面的经验。

第三个策略是栽培精通资讯科技的劳动队伍和具国际竞争力的专业人才队伍。政府和私人企业一起培养能够投入包括研发在内的高增值经济活动的资讯专才，也要一起栽培具有资讯科技和商业知识的决策人，让他们有效地将资讯科技整合融入企业里。媒体科技发展，人才是最重要的一环。新加坡计划培养更多的技术战略家和技术专家，既推动资讯科技与企业的融合，又能推动研发如互动与数码媒体、资讯通信保安和通信工程。

第四个策略是利用资讯科技提升7大经济领域，即数码媒体与娱乐、教育与学习、金融服务、电子政府、保健与生物医药科学、制造与后勤、旅游与零售，让资讯科技与日常生活及经济发展更紧密地结合起来。①

通过这些未雨绸缪的策略部署，新加坡在网络和资讯科技领域占据超前的地位，带动社会的进步和便利。

新媒体在硬件设施、使用规模、科技水平等多种因素的带动下，迅速使网络和新媒体成为新加坡人的生活常态，在经济产业和信息传播两个领域发挥重要作用，继而直接影响到了新加坡政府在新型网络传播形态下的媒体管制策略和政策传播模式。

---

① "智慧国2015"蓝图及策略，参见新加坡资讯通信管理局报告书（"REALISING THE IN 2015 VISION"），http: //www.ida.gov.sg/~/media/Files/Infocomm %20 Landscape/in 2015/Reports/realising the vision in 2015.pdf。

第二节
媒体管制应对未来政策传播

一、成立媒体融合检讨委员会

新加坡一直是通过法律来实现对媒体的管制。传统媒体方面,《报章与印刷馆法令》扮演了重要的角色。而在广播和互联网管理方面,作为使用互联网最早和互联网普及率最高的国家之一,新加坡也早就制定了相应的法律来监管互联网行业。包括1996年修订的《广播法》和同年颁布的《互联网操作规则》,对互联网管理的主体范围和分类许可制度,以及互联网服务提供者和内容提供商所应承担的内容审查或配合政府要求的责任等都提出了具体的要求。

传统媒体的形态、运作数十年如一日,整体新闻作业的演变并没有对传播生态带来根本性变化,因此相关的管制法律还能够适应和覆盖。但是新媒体发展一日千里,传播生态发生了本质变革,传统媒体自身加速变革和与新媒体的融合、新媒体技术本身激发出众多全新的互联网机构承担传播功能、大量个人的自媒体出现,都颠覆了既往的管制和框架。

无论从政策传播还是传媒管制的角度,政府都需要重新面对不一样的外部环境。新加坡的网络渗透率在2014年达到73%,540万人口(包括新加坡居民和外来的非居民人口)中,活跃的脸谱用户就达 320 万，手机渗透率达到 148%。这些新媒体的广泛应用，改变了民众参与社会表达、获取信息的方式，也带动业者信息生产和传播方式的改变。

2012 年 11 月底，由新加坡政府委任的一个 12 人专家小组经过 8 个月左右时间的研究和分析，发表报告书，指出由于媒体内容日趋数码化，消费者能通过不同平台接触到各种资讯，因此呼吁政府把媒体管制的触角延伸到互联网，通过 4 种渠道加强媒体管制。

该专家小组的成立背景是新加坡政府意识到媒体数码化以及智能手机和宽带网络的高渗透率，已大大地改变了人们的生活方式与媒体消费习惯，有必要对媒体融合之后所需要的政策进行分析和检讨。这个专门小组由淡马锡控股公司前任董事以及担任多家科技公司主席的许文辉所领导。小组成员有 12 个，包括媒体业者、法律界人士和学者。他们跟 50 多个利益团体和专家交流后，11 月间向通讯及新闻部提交了 64 页的检讨报告。[①]

其中，小组认为网络媒体供应商合法运作的框架应该更加明晰，让现有《广播法》成为管制网络媒体服务的法令。并呼吁政府更新有关媒体执照管制、本地节目制作、版权保护、内容审查的条例，确保媒体管制能与时俱进。

委员会建议在网络视频方面，凡是专业制作、向公众广播、有商业利益，或能行使编审管制的作品，公开发送都必须先获得

---

① 《媒体融合检讨报告书》（MEDIA CONVERGENCE REVIEW FINAL REPORT），报告全文参见 http://www.mda.gov.sg/Regulations And Licensing/Consultation/Documents/Media %20 Convergence %20 Review/Media %20 Convergence %20 Final %20 Report.pdf.

当局的许可。那些凡针对新加坡市场，或向新加坡客户收取广告或订阅收入的国外网络媒体业者，也须先获得经营许可。

为提升新加坡本地制作的吸引力及对本地观众的影响力，应对外来内容通过网络平台影响新加坡受众的新冲击，该委员会提议，每日有至少25万名观众观看的电视广播服务的业者必须把部分收入投资在本地制作上。同时，付费电视业者也得在网络电视上提供观赏本地制作节目的选项。

在版权管制方面，委员会希望政府能加大对抗版权侵犯的力度，封锁侵犯版权的网站。目前，新加坡官方象征式地封禁100个网站，其中不包括任何侵犯版权的网站。委员会还建议不同媒体平台上的内容的分级制必须遵循相同原则。这表示，同一个视频不论是在电视上或网络上播映，都必须符合一样的原则进行分级。

由非官方的委员会对市场和政策进行研究，然后提交给政府考虑选用和采纳，一直是新加坡政府热衷使用的公共政策制定和传播方式。这种方式，有几方面的明显优势：一是这类委员会的成员都是来自相关行业的专家、学者或是利益相关者，能够充分体现政策来源广泛；二是对外展示政府对政策制定和构思是由下至上的决策过程，充分吸收了民意，而不是闭门造车；三是委员会在制定研究报告和建议的过程中，可以吸纳更广范围、更基层的民意反馈；四是对政府来说，进可攻、退可守，对委员会的研究报告，可以完全采纳、可以部分采纳，也可以暂时搁置，待时机进一步成熟，一切都根据现实情况和外界舆论的反应。委员会组成、搜集民意、发布报告，都是公开透明，因此对于相对敏感的政策，委员会的报告也可以作为政府试探民意的风向球。

媒体融合与管制的专家小组是由业者牵头发布，新加坡新闻及通讯部对这一建议报告迅速发表意见，表示媒体发展变化迅速，很多议题复杂且具挑战性，该部门将仔细研究报告，并在完成分析和研究之后做出正式回应。[1]

专家小组的建议和新加坡新闻及通讯部的政策意图，其中显著的特征就是探讨能否以及如何统一传统媒体与网络新媒体的管理标准。互联网新媒体的普及，改变了原有的媒体生态。传统媒体运营和管理的建制相对完善，新闻生产、传播以及采编的流程秉持专业主义的原则，而新媒体中的"自媒体"特性在让个体获得自由表达、打破信息传播垄断的同时，也制造众声喧哗、自由放任、鱼龙混杂的局面，与此同时，应该对新媒体"少管制"、无法管制等观念很有市场。在这种情况下，作为新闻机构的传统媒体和作为个体的新媒体，其实是根据不同的游戏规则进行竞争。这样一来，受管制更多的传统媒体在面对互联网新媒体竞争时，相对处于极大的劣势。而互联网新媒体一方面因为政府与用户与生俱来就对其抱持相对宽松的观念；另一方面，相关的法律法规或行政规范都是被动滞后，也为互联网媒体的迅速发展提供了不少空间。

管制新媒体，面对的是互联网全球化的开放本质，其实就现实情况而论，任何国家的政府单独的强制性措施并无法实际奏效，

---

[1] http://www.mci.gov.sg/content/mci_corp/web/mci/pressroom/categories/press_releases/2012/government_to_reviewindustry-ledpanelrecommendationsonmediaconve.html.

管制的象征意义远大于实际效果。在这一层面上，要让传统媒体与新媒体进行公平的竞争，就需要为传统媒体的运作环境创造更大的空间，让专业的生产和传播占据舆论传播的主要平台，在新媒体空间同样扮演主要的公共舆论角色。这样的话，公共政策才能够在传统媒体和新媒体空间都得到有效的传播。

二、修法加强管制新闻网站

媒体融合检讨小组发布报告之后，2013年5月，新加坡媒体发展管理局宣布将从6月1日起，更新互联网媒体执照框架。在新管制框架下，任何新闻网站若连续两个月内每星期平均发表一则本地新闻或时事报道，且在这两个月内吸引超过5万次来自不同网络IP地址点击率，就得向政府申请执照。拒绝申请执照者可依据广播法令被控上法庭，一旦非法广播罪名成立，可被判罚款不超过20万新元，或最长监禁3年，或两者兼施。

频密报道新加坡新闻与时事资讯，且广播能力达一定标准的新加坡新闻网站，必须在政府新修订的互联网媒体执照框架下申请执照，并按照管制条例缴付一笔5万新元的履约保证金。

为避免民众产生疑虑，认为政府开始收紧网上舆论，新加坡政府强调，修订主要是为统一网络新闻媒体与传统媒体的管理标准，并称此项调整"不违背政府向来采取的互联网柔性监管（light touch）政策"，新闻网站的内容管制大致上不受影响。新加坡政府也会探讨修改《广播法》，以确保其他使用外国服务器但却主要针对新加坡市场的外国业者，能被纳入执照管制框架内。这一系列措施，正与2012年年底由政府委任的媒体融合检讨小组报告中所提的管制原则一致，出发点是确保所有在新加坡市场活动的业者都遵循同样的法规。

除了缴付履约保证金之外，新执照框架也会更明确地列出哪些为违反公共利益、公共治安或国家和谐的内容，而受管制的网站若有内容违反新加坡媒体发展管理局条例，一旦接获通知，也要在24小时内删除。

关于新闻网站的新执照框架宣布后，在网络社群中引发热议与大量质疑。两个反对党国民团结党和新加坡民主党首先对此提出批评，指新管制将妨碍新加坡的媒体发展。

4个在新加坡拥有一定知名度的论政网站以及网络社群的活跃分子甚至联署抗议："呼吁通讯及新闻部撤回新执照条例。我们呼吁人民代议士反对这项新执照条例。撤回执照条例将对新加坡人以及新加坡的未来有利。"声明认为，新管制将限制新加坡人获取多元新闻信息的渠道，而5万新元履约保证金将使靠义工运作的论政网站和个人博客难以为继。

这些网络社群的活跃者也对新加坡政府在没有展开公众咨询的情况下就推出新管制条例表示不满。为此，新加坡媒体发展管理局在新条例于2013年6月1日生效的前一天澄清，在个人网站或博客上评论时事不等于新闻报道，不受新条例管制，并强调新框架不试图影响新闻网站的编辑立场。"新执照框架只影响专门报道新加坡新闻，且获当局通知符合执照申请条件的网站。在个人网站或博客上发表对时事和趋势的看法，不算是新闻报道。"5万元履约保证金不需要是现金，任何领取执照者如果在履行条例方面遇到困难，可与当局讨论。

受到执照框架条例影响需要注册的雅虎新加坡认为，新闻网站新执照框架是"多余"的，雅虎此前已经在遵守媒体发展管理局设定的互联网行为准则，"更多的管制是多余的。大家也能从过去几天的情况看到，新条例让网民和媒体界感到困惑和忐忑不安"。①

反对者也借助新媒体的平台动员和组织具有相同看法的人集中力量对新的管制政策表达意见。6月8日，上千人聚集在新加坡芳林公园，出席"解放我的互联网"和平集会，现场拉起反对媒体发展管理局新条例的横幅，抗议政府从本月起对新闻网站实施新执照条例。除了举办和平集会，主办者也在网上收集公众签名，约有4000多个。150多个网站在6月6日关闭一天，以示它们对"解放我的互联网"行动的支持。集会出席者多数是年轻人。12名演讲者当中，除了几位年纪稍长者之外，普遍是二三十岁的博客作者及公民社会人士。

从政府的角度看，对互联网领域任何试图管制的行为，必定要遭遇网民的反对意见，甚至招致网民发起社会运动抗议，这是新加坡政府推行管制政策必须面临的代价。

---

① 《联合早报》，2013年6月6日。

三、从产业发展角度规划战略

为适应媒体内容日趋数码化的趋势，新加坡政府在12人的媒体融合检讨小组完成媒体管制角度的政策探讨之后，再度在2013年6月组建设立"资讯通信媒体发展总蓝图指导委员会"，检讨信息技术的演变与媒体业发展之间日益融合的发展趋势，从产业发展的角度探讨资讯通信业与媒体业接下来十多年应如何发展，以适应未来信息与媒体融合。媒体融合检讨小组报告的重点放在信息业与媒体业两个产业的演变如何影响消费者、企业和社会，以及应该如何从管理上应对这些变化。指导委员会重点则是放在这两个委员会上，可以让新加坡政府一方面关注管制框架，另一方面也关注未来发展，才能更好地掌控新趋势。

总蓝图指导委员会下设5个工作小组，从科技与科研、基础设施、企业发展、人力资源与产业发展5个领域进行检讨。委员会计划在2015年提交报告，为新加坡信息业与媒体业直至2025年的发展制定方向。

之前担任媒体融合检讨小组主席的许文辉继续领导这一委员会，其他委员包括个人、企业与政府中的高层代表，比如通讯及新闻部常任秘书甘泽铨、资讯通信发展管理局副主席雷纳德、媒体发展管理局局长许琳聂、新加坡经济发展局局长杨吉全、印度达达通信总裁维诺·古玛（Vinod Kumar）和新加坡国立研究基金会总裁刘德成等。

从两个委员会的组成可以看出，新加坡一方面与时俱进地探讨信息业和媒体业作为经济产业的作用，要积极研究在整体经济结构中如何推动产业的发展，继续在全球竞争中领跑，与此同时，也要积极探讨这两个产业的变化对于政府的社会管理、信息传播、政策制定与发布、媒体管制等产生哪些连带作用，从而能够达到善用新媒体、完善社会管理和政策传播实施的效果。

四、总理鼓励提高数码智商

随着互联网技术的日新月异和新产品的层出不穷，媒体景观已大有改变。全球化和新科技缩短了世界各地的距离，但也带来更加快速的变化和不确定性。新加坡总理李显龙曾在2013年11月在新加坡联合早报举办的国是论坛上发表《新媒体景观》的演讲，称新媒体的迅速发展，改变了全世界人民的生活，也影响了新加坡的社会和民生。他说："读者群和消费习惯也改变了。数据显示，本地纸媒的读者已达到极限，读者年龄也越来越大。现在的读者兴趣更多元化，而且他们希望看到更多不同的观点，他们不仅要知道重要信息，而且对轻松的娱乐新闻和别人的生活点滴等感兴趣。越来越多人不看报纸，甚至不上新闻网站，只阅读朋友透过社交媒体传给他们的信息和意见——有些是真实的，也有假的谣言。现在人们可以选择下载想要看的资料，不像过去，由报纸把所有新闻送到读者眼前。"这样的阅读习惯显然会对政府公共政策的传播带来深远的影响。①

李显龙是在新加坡最大的华文报《联合早报》90周年的论坛上做《新媒体景观》的演讲。传统纸媒经历了90年的发展，在当下的媒体生态中深受新媒体的冲击，庆祝90周年的时候，检视新媒体的挑战和机遇，而且由一国总理进行深入的分析，显得格外特别。而李显龙对新媒体景观的论述，重点放在媒体发展与社会责任以及政府如何应对和转变等上，以他自身积极使用各种新媒体的丰富经验，就更有发言权和实际的比照价值。这些论述，也体现了新加坡执政者的新媒体思维，以及政府在新媒体时代应该如何应变来更好地推行公共政策的考量。

李显龙在演讲中认为，新趋势提供了很多益处，不过也带来了新挑战。在使信息畅通、让世人很容易接触和了解最新资讯的同时，新媒体也带来新挑战。"最快传来的消息，不一定是最准确的报告；马上达成的共识，不一定是经过深思熟虑后所得到的结论。"因此，无论是民众对公共政策的接收，还是政府收集民众对政策的反馈，其中的信息含量和实质的代表性，都在新媒体的传播流程下，发生了跟以往很不相同的改变，需要重新建立认知和判断。

由于在新媒体时代，网民更容易找到兴趣相投的同好者，形成特定的社交圈，而不愿扩大信息来源获取更全面的信息，或是在海量的信息中主动排除其他来源，只选择特定、经过筛选的渠道。由于这一渠道往往只提供某一角度或特定立场的观点，很容

---

① 李显龙演讲全文见新加坡总理公署网站《总理在早报国是论坛2013的演讲》，http://www.pmo.gov.sg/mediacentre/ 总理在早报国是论坛2013的演讲。

易形成对政策固化的看法，在身处的社交圈中，彼此的观点会因为兴趣、观点接近，就能够不断得到这一社交圈内的认可和支持，继而持续互相强化对某一课题的立场。对于公共政策传播来说，如果民众通过网络动员，出现"组织化"的倾向，针对某一政策形成特定的立场和观念，并不断持续强化，若是反对或批判政策，要说服他们或取得他们的理解和支持就会面对巨大的挑战。

李显龙就说："网民可以很容易跟志同道合的其他网民组织起来，在自己的小圈子里活动。他们可能只注意自己的利益。相对之下，要将这些小组聚集起来，建立国家共识，就不容易了。"言下之意，这些志同道合的网民"组织化"之后的结果，往往会成为国家共识的对立面。

李显龙也认为新媒体带来的挑战还包括网络欺凌和网上谩骂。网络欺凌和网络谩骂其实可以说是"沉默的螺旋"效应在网络上的极端呈现方式。正如本书第一章所介绍，"沉默的螺旋"充分解释了舆论的形成与公众对周围意见环境的认知的社会心理的关系。对于公共政策制定者来说，"沉默的螺旋"能够解释政策在传播之初，为何某一群体的意见会成为占主导地位的主流声音，成为主流舆论。

由于为了防止因孤立而受到社会惩罚，个人在表明自己的观点之前要对周围的意见环境进行观察，当发现自己属于"多数"或者"优势"意见时，倾向于积极大胆地表明自己的观点；发现自己属于"少数"或者"劣势"意见时，一般人会由于环境压力而转向"沉默"或者附和。

网络欺凌和谩骂可以说是"优势意见"对"劣势意见"的毫不

理性地压制和欺负，在自身已经属于强势、多数、优势的情况下，利用对网络工具的熟练掌握、话语权的强势，以及对"劣势群体"或"劣势意见"的不屑，通过恶意语言、网络骚扰、公开他人隐私或网络围剿等方式，使得少数人变得更加沉默，不但不愿表达观点，更可能遭受权利受损。还有一些是通过谩骂和欺凌的方式在网上大行其道，使大多数人不愿或拒绝参与公共课题的讨论，这批少数但是音量突出的人反而成为网络上的"主流"意见，对公共事务和政策的推行产生一定的负面效应，也不利于课题的理性讨论。

李显龙认为，"在网上，健康的讨论和辩论，因为谩骂而经常变成不理性、互相侮辱、攻击、不讲理的情形。重点不在用户能不能达成共识，同意还是不同意，网上谩骂行为破坏气氛和空间，让严肃参与交流的用户无法加入，污染了网络世界"。作为政府的领导人，李显龙认为，"这种行为在生活上是不可以容忍的，在网络世界，更应该排斥、否定这种行为"。

为制止这种恶劣行为，继续营造安全、有责任感的网上空间，鼓励网民做建设性的对话，李显龙宣布新加坡政府将要求用户发表意见时需要注册，政府用来收集民意的民情联系组交流网将要求用户登录。在利用新媒体的潜能大幅度改善生活的同时，也要减少它的负面影响。

媒体景观的改变，直接影响政策制定和传播的过程，在这样的大调整面前，社会的规则和规范往往是滞后于新媒体的发展的。对于民众通过新媒体对政策进行讨论、传播和反馈，李显龙认为，新加坡政府应该扩大空间，让新加坡人可以做建设性、文明的交流；允许不同的观点存在与浮现，而不单是那些声音比较大的少数人的意见。"政府跟媒体都需要随机应变，做调整，人民也不例外。必须不断地学习、再学习。学习会运用新科技，掌握新用法，迅速顺应，不能变成数码落后一族。要提高'数码智商'，学习综合掌握和了解多种不同的信息管道。我们收到的信息有增无减，必须能明辨是非真假。"

第三节
民意蓬勃影响公共政策

一、民意表达直接影响政治

在人们的普遍认知中，传统媒体可以扮演社会公器的角色，传播信息的同时提升民众思辨的能力。如今，包括新闻网站、个人博客、社交媒体等在内的网络媒体作为传播的新兴平台，除将传统媒体的功能放大发挥之外，同样可以通过内容和观点的来源的广泛性、参与者的多元化，以新的平台提升民智，带动整体思辨能力、认知能力、逻辑能力的提高。

在新加坡，社会成员可以直接使用英文世界的脸谱、推特或是华文世界的微博、微信平台，这是长期扮演东西方文化交汇地的新加坡，在网络新领域再次得以发挥自身特长的所在。新加坡的脸谱用户已经达到 320 万，超过人口的一半。与此同时，国外社群通过社交媒体对各自国家和政府进行监督、批评、质疑，所采取的语言、方式、力度，也必然会在某种程度上对新加坡的网络社群产生示范或借鉴效应。

从传统媒体到社交媒体的过渡转型，仅仅是短短数年间的风云变幻，而网络媒体或平台却日益展现惊人的渗透和裂变能力。民众借助这一平台的表达、声音集聚的能量越来越得到凸显。信息传播可以达到知晓、鼓动、宣传、教化的不同作用，直接影响政治的发展。从媒体和政治的关系来看，透过媒体传播信息以及因此生成的观点、分享等传达出海量信息，打破了既有的信息垄断，而人们对事件的关注、看法与评论，又有着短暂、零碎的特质，从而构成庞大而混杂、金玉良言与泥沙俱下同在的局面，那些恶意中伤、幕后操纵民意的恶质传播同样可能大行其道。在这个意义上来说，全球政府共同遭遇着一个全新领域的挑战。

在民意迅速、大量的爆发式呈现中，在碎片化、歧义化信息传递的过程中，事件往往出现不止一个"版本"或被扭曲的现象，变得不可控，或者暗箱操控。一个民生课题在各方民意混杂的发酵效应之下，极有可能引发公共危机，甚而影响政府决策。因此，网络时代的民意，比以往任何时候都复杂多变。越来越多元化的新媒体及其运作模式，为人们提供了更多、更便利的发声渠道，这些声音来自社会各个阶层，方方面面的影响力对舆情产生不同的拉力，反之也受各种因素影响。这些或真知灼见或一家之言，或真假莫测、虚实难辨的信息，都希望成为影响议题走向、公共政策制定和形成最终结果的力量。

这种"社会参与的全球化"，蕴含了政府与民间对话关系的深刻改变的可能。面对网络带来的"利"与"弊"，政治人物必须接受，让自己适应网络时代的要求，习惯网络世界里的"习惯性"批评，坦然面对嘈杂与多元的声音。这就需要执政者在政策制定和社会管理领域具备新的思维意识，并通过社会机制和法律手段确保网络平台空间有利于社会正能量的凝聚。

二、实现用与管的平衡

在新加坡，因为生活观念的改变，民众的社会表达和政治参与这些年来也发生了相应的改变。近年来的房价、交通、教育、新移民，以及数位高级公务员涉贪腐等课题，激起不少批评声音。各类诉求的声音分贝增加，在某种程度上是社会观念发展到新的阶段的一种体现，也是因为网络载体和社交媒体的发达，使得民众表达意见更为容易便捷。

新加坡政府应对网络生态改变而带来的政策制定与传播的冲击，表现出两大特点，一方面积极借助新媒体平台与民众沟通，传递政府声音，接收民间反馈。另一方面整体采取不封锁、不屏蔽、以法管网的策略，让民间的观点和意见通过网络平台在法律框架内自由表达，力图达致"用"与"管"之间的平衡。

在利用网络接触民众、打造信息化路径上，新加坡的做法是既有机制化的政府部门网络平台，也有个性化的政治人物网络平台，从而兼顾上情下达，以及打造政治人物的社会媒体化特色，体现人性化、年轻化沟通的需求。截至2012年年底，新加坡政府各部门已经设立229个脸谱页面、92个YouTube频道、86个推特账号、20个博客、59个手机应用，始终保持政府与公众间的积极互动。新加坡政府很清楚，新媒体时代的选民是和上一代不一样的，对待民众思变求变的诉求，政府必须做出积极和必要的回应，以变应变。因此，政治人物也积极打造个性化的网络沟通渠道，通过个人的脸谱网页等社交媒体，分享生活点滴、活动更新、出国参访等细节，使用极具个人特色的语言和文字与民众保持活跃的互动。目前，包括总理李显龙在内的87个国会议员都开设了个人的脸谱账号。

与此同时，如何应对网络舆情，成为考验新媒体时代新加坡政府执政能力的新指标。新加坡总理李显龙在2010年3月就明确指出，政府在制定政策时不会被网上一些虚构的反馈或受操纵的舆论所影响，如果新加坡人希望政府认真看待，就应以负责任的方式来传达自己的意见。

显然，网络的便利使得制造假象和传播虚假消息的成本极为低廉。网上造假现象由个人、广告、公关公司、政治团体所发起或操纵，却在过程中技巧性地掩盖了真正的幕后源头，让社会大众错以为是民众或社会草根阶层所发起，反映民间的心声和意见。而对待借助网络制造或传播虚假民意，官方部门如果也利用"水军"进行"反制造",表面上看似双方扯平了,但其实会付出政府公信力的代价,使得舆论更为真假混杂。因此,政策制定者需要熟悉网络特性,继而对网络民意做出准确的判断。

2012年7月,新加坡警方接到报案,指有人在脸书及推特上发表有种族歧视字眼的言论,对马来族也有明显轻蔑态度。经过调查,两名17岁新加坡华族在籍男生被捕。新加坡警方当时发表声明说,任何威胁种族与社会和谐的行为都可算作触犯煽动法令。根据煽动法令,初犯者可被判罚款最高5000新元,或监禁最长3年,或两者兼施。一位高级警官在声明中表示:"言论自由的权利并不包括可能引发种族或宗教信仰的摩擦或冲突的言论。虽然互联网是一个表达个人意见的便利管道,但公众也应切记须对网上的行为负责。警方认真看待这类破坏社会和谐的行为。"[1]

另一个例子是2012年7月,新加坡总检察署与一位知名博客用户的交锋。这位博主在网文中认为一位整形名医触犯法律后的判刑过轻,因此质疑案件的司法程序和判决结果。他也谈到一些网民对此案的不满,认为财力丰厚者可行使另一套法令条文。新加坡总检察署随后发表声明,指出该博主声称"新加坡法庭偏向人脉关系广泛者"和"新加坡司法体制长期偏颇",都是虚假和恶意的指控,这些严重指控已对法庭造成诽谤。在解释了相关刑罚的法律依据后,总检察署正式致函,要求该博主在5天内把博文从网上删除,并联同总检察署信件在网上刊登道歉,否则总检察署将对他展开藐

---

[1] 新加坡勿洛警察署署长侯光辉副助理警察总监如此表示,见王舒杨《网上留言涉破坏种族和谐 两17岁华族男生被捕》,载《联合早报》,2012年7月2日。

视法庭的诉讼。该博主随后从网站删除博文,并刊登公开道歉信,向司法界表示歉意,保证不会刊载造成相同或类似影响的博文。[①]

对网民超越底线或是有可能破坏现有秩序的言论,政府虽然采取了强势态度,但由于新加坡政府部门依据的是既有的法律框架,同时民众具有高度的法律意识,因此政府部门的这些反应,在新加坡社会能够获得理解与支持,网民也可从当局者一系列执法行为中认知网络的行为边界。

三、网络管理的政策逻辑

互联网不仅仅是经济领域活跃的投资对象,也不仅仅是科技领域技术研发的潜力所在,更是社会领域改变生态环境的推动力量的源泉。网络时代开启了政府与民众的全新互动模式,对于掌握或主导社会绝大多数权力的新加坡政府来说,面临着"质"的改变,民众通过自媒体的表达空间改变诉求方式,并在网络平台上寻找同声共气的取暖对象,形成意见的集合,汇聚成具有一定声势的民意。

事实上,网络上民众话语权的扩大,消解和削弱了执政者过去以垄断或强势拥有的话语空间。政府有了危机感,往往代表着民众话语权的扩大,即对政府的更多质疑、更广泛的社会参与、新型的政府民众契约关系。从正面的角度看,这可以推动执政党

[①] 周文龙《博客质疑"吴志良案件"总检察署:欧伟鹏博文藐视法庭》,载《联合早报》,2013年7月12日。

和政治人物的自我革新，网络话语权的多寡，意味着社会权利和权力架构的另一种分配。

新加坡执政者所展现出的新媒体思维，以建立政府与民众间即时、顺畅、宽容、平等的新型沟通关系为依归。因此，新加坡网络管理政策，一方面遵循较为开放的姿态，维护民众自由表达的权利，既显示其了解和顺应新媒体时代民众需求的变化，也体现其善加引导和利用民意的政治策略；另一方面，则以法律的约束向民众传达非常明确的网络使用原则与界限，达到管理网络的目的。

新加坡属于推广互联网非常早的国家之一，1996年就开始制定实施《互联网运作准则》（Internet Code of Practice），明确规定了互联网服务提供者和内容供应商应承担的责任。该准则只在1997年11月修订过一次，沿用至今。

2013年6月起，新加坡媒体发展局修改了《广播法》，要求密集报道新加坡新闻，并有一定本地浏览量的新闻网站，必须向政府申请执照，缴付5万新元保证金，执照必须每年更新。当局也公布了首批需要申请执照的10个新闻网站。

除对新闻网站的运作制定新的条例之外，社会不同领域的个人博客或网络论坛等，内容和观点虽然是五花八门，不受传统媒体的采编专业原则的限制，但新加坡社会不同领域的相关法律，比如《诽谤法》《煽动法》等法令同样具有约束效力。这是新加坡现有的相对完善的法律机制在网络时代同样起到维护社会舆论健康发展、使恶意言论不至于肆无忌惮传播的积极作用。

第四节
鉴别虚假民意的人工草皮

一、操纵网络民意是常态

在网络平台上所呈现出的民意或者舆论，有很大的可能性是属于被操纵、被制造出来的虚假观点，背后可能由利益团体或个人在有意识地操弄，因此，作为公共政策的制定者，在吸纳民意、尊重民意的同时，也要警惕，不要被虚假的民意所愚弄。

民意的来源一般包括3个方面。

第一个是个体。每个公民都有发言的权利，在法律允许的框架下，针对公共事务、社区发展甚至国家大事等自由表达意见。

第二个是意见领袖。意见领袖也称舆论领袖，是指在人际传播网络中经常为他人提供信息，同时对他人施加影响的"活跃分子"，有的是学者，有的是商人，有的是官员，以知名度基础之上的观点来实现影响力，他们在大众传播效果的形成过程中起着重要的中介或过滤的作用，他们会将信息和观点扩散给受众，继而达致传播之后的影响效果。意见领袖虽然也是以个体的方式出现，但由于他有特别的技术、知识、魅力、性格或其他背景，所以能对他人产生影响。当这样的个体已经积聚了影响力，同时成为众多个体认可、追随的对象，他的观点能够引导舆论或是主导舆论的议题设置，并顺理成章地把自身的观点视为具有民意基础的意见，对当政者提出看法或批评，对公共事务发表观点。

意见领袖对政策的看法应该引起政府部门的重视，尤其是正直、理性、真诚、尖锐的意见领袖。因为在政府公信力不强的时候，民众往往更愿意选择相信这些具有民间性的意见领袖的观点，政府政策要希望顺利得到理解和支持，就需要首先赢得意见领袖的理解和支持。

但是在重视意见领袖观点的同时，也需要保持警惕，即意见领袖的观点除了按照自身意志、自身道德观念和自身的价值观念讲出的真实想法之外，还存在两种可能：一是被利益团体、特定的组织机构利用，成为对方的代言人。二是意见领袖为了迎合支持者的意愿，揣摩支持者的喜好，从而获取更大的支持和认可，而出现偏向极端、非理性或偏激的可能。理性、平和往往难以获得较大的反响，而激进、情绪化的表达，则能够引起强烈的反响，某些意见领袖会沉迷在这种虚妄的满足感之中，继而倾向于越来越偏离正常和理性的轨道。

因此，对这样的意见领袖的意见表达，政策制定者需要有清醒的认知和判断，了解他们表达类似观点的背后实质以及多种可能性，继而准确而适当地做出回应。

第三是利益团体，包括商界组织、民间社团、公民团体、公益组织或非政府组织等，由于组织化的机构本身就是利益的结合体，公开为特定集团或团体争取利益、改变政策是非常正常的行为。不同的利益团体的规模、影响力、人员组成和背景都有很大差异，在社会意见和舆论的角力过程中，利益团体是一个重要的参与者。因此，利益团体的观点往往可以被视为是组织化的民意，既有它的公开、直接和标签的特征，同时也是特定群体的集体意见表达。从政策角度来看，处理起来要相对更为重视，但也不能被利益团体左右。

二、总理是鉴定网络民意的高手

新加坡总理李显龙是网络高手，因此对网络的特点、网民的特性、网络舆论能够建立深度的了解，他也经常就网络意见或网络事件发表看法。从政策制定者的角度，他的这些对网络事件和网络观点的分享，展示他和行动党政府既善于从网络中吸收民意，但也会擦亮眼睛，在制定政策时不会被网上一些虚构的反馈或受操纵的舆论所影响。

李显龙2010年3月曾出席民情联系组所举办的"总理与反馈者对话论坛"，专门阐明政府对网上反馈的民意的看法和立场。随着互联网的普及化，新加坡政府相关部门非常积极地透过新媒体，如社交网站、博客、网播等来收集民众的意见。然而，网络匿名、隐藏的身份以及容易被组织、动员甚至挑拨、利用的特质，收集到的民意和反馈在多大程度上能够完全作为政策的参照呢？又应该如何鉴别哪些是虚假的，哪些是真实的民意呢？

李显龙举了两个例子加以说明他的观察和分析。他使用了一个非常形象的词汇"人工草皮"（astroturf），来形容互联网让一些个人或团体有机会利用虚构的身份来制造虚假民意，掀起讨论的热潮。①人工草皮绿意盎然，但都是人工移植甚至特别处理过的，并不是真实的原貌。2010年年初，新加坡房地产市场备受争议，李显龙和多位部长都收到多封电邮，批评政府没有尽力抑制房地产价格上涨。这些电邮的论点具有说服力，来邮者显然相当熟悉房地产市场的运作。但有些奇怪的是，这些电邮的论点相同，用词都具有说服力，风格也一致，在结尾的部分会要求新加坡政府快速并大幅度地降低房地产价格，否则下次大选他们将不再支持人民行动党政府，并会呼吁朋友们也这么做。

这些来邮者附上自己的姓名和地址，甚至身份证号码。有些声称自己是某个选区的基层领袖。基于对民意反馈的重视，而且电邮的内容和语调过度相似，新加坡政府部门觉得事有蹊跷，于是邀请对方见面讨论，却没有收到任何回复。政府在核对来邮者的姓名和身份证后，发现他们的身份其实是虚构的。同时，向基层组织顾问查询时，发现他们区内并没有这些所谓的基层领袖。

李显龙认为，很难找出幕后指使者，但这样的行为显然不是要为政府提供反馈或交流，可能是为了私利，以匿名的方式尝试向政府施压。

网络民意如此容易被操纵或复制，可以作为直接的民意反馈，也可以大量地在网络空间、论坛或社交媒体中传播，形成所谓的讨论和热议风潮，李显龙这样分析政府部门对此应有的立场："我

---

① 《李总理：不应滥用互联网来影响政府决策》，载《联合早报》，2010年3月28日。

们预见这样的'人工草皮'现象会不时出现,所以我们得分辨出什么是真的草、什么是人工草。政府必须懂得这么做,公众也一样。当你在各大网上论坛,例如 hardwarezone 看到一些帖子时,你应懂得如何分辨哪些是真实的,哪些看起来像真的,哪些是假的。"

对于政府部门是否应该根据网络热议的热度和幅度来调整政策,李显龙表示:"我们做决策时,在分析这些电邮或网帖时,不可能按照所收到的意见当中,多少则是支持的、多少则是反对的,进而计算出支持者有理或反对者有理。我们必须了解这些意见代表什么。"这些看法非常清晰地表明新加坡政府不会盲从于网络世界的喧闹而失去自己的判断,屈服或蒙蔽于个人或特定团体以及某些利益集团的操弄。

另一个例子是 2009 年新加坡发生的妇女行动及研究协会内部的夺权风波。李显龙接获了两派阵营支持者的多封电邮,各自坚持自身的立场。然而,大部分电邮的内容是完全相同的,很明显是根据某电邮样板转发的。有些电邮甚至连"填上你的姓名和身份证号码,然后发给总理"的指示也未删除。李显龙认为,尽管来邮者身份是真实的,他们却是被引导而发电邮支持某立场的。这种有组织的策划,旨在迫使政府支持某一阵营。

作为政府来说,其实不可能接纳所有人的所有意见,如果这样的话,政府根本无法运作。因此必须先评估,再采纳对新加坡整体有益的建议,需要小心不被少数人的高分贝的声音影响判断而被利用。

新加坡
公共政策传播策略

第九章
与网共舞：新媒体时代的政策传播策略

"世界各地的社会、社区和政府，都不再与以往相同。我希望你们会觉得我的脸谱（Facebook）页面有意思。我将用它来提出在进行和思考的事，但我也希望听到你们的声音。让我们使用这个页面来厘清想法，认清如何共同改善生活。"

——李显龙在他脸谱页面的首篇文章中，谈政府的沟通方式和政策传播方式需要顺应新媒体而进行改变，建立新媒体思维。

第一节
政治架构的新媒体思维

一、执政者需要建立"新媒体思维"

面对新媒体的迅猛发展以及对公共政策制定过程、决策思维和传播模式的冲击和影响,执政者有必要建立"新媒体思维",掌握传播规律,以便更有效地推进政策以及与民众的沟通。新加坡政府意识到新媒体必然推动政治及政策,产生全新格局,政治人物亲身使用和借助新媒体平台传递自己的声音,与此同时,也从制度架构上加强政府公共沟通的工作。

2011年5月的"分水岭"大选,让新加坡执政党深切思考新媒体时代政策传播和公共沟通方面亟待做出调整。新加坡人民行动党主席许文远在当年11月举行的党大会上发言时,就指出政府必须积极重新检讨各个政策及传达信息的方式。许文远认为,在实现新加坡人更积极参与心愿的前提下,政府将扩大咨询空间,彻底改变与外界沟通交流的战略,不只会更仔细聆听,也会更积极地纠正错误的看法和信息。

2012年7月，主管信息、新闻以及传播领域的新加坡通讯及新闻部设立新的职位——首席公共沟通司司长，由资深新闻工作者、英文《海峡时报》副总编辑、政策研究院院长贾纳达斯·蒂凡（Janadas Devan）出任。作为政府的首席公共沟通司司长，这个职位属于资讯服务部门的最高级别，司长将直接向新闻、通讯及艺术部常任秘书（该部门内的公务员最高领导人）负责，其职责是协调政府公共沟通的工作，以及领导约180名遍布政府部门和法定机构的新闻官，提升公共沟通网络。分布在政府部门的资讯服务部门主要职能是向各界传达政府的政策和计划，从而协助政府的治理。

首任首席公共沟通司司长贾纳达斯是非常资深的新闻从业员，家世特殊，是新加坡已故前总统蒂凡那的儿子，熟悉体制，也深谙传播规律。他毕业于新加坡国立大学和美国康奈尔大学，曾在一些院校执教。1997年加入《海峡时报》，曾任该报评论员，以及负责撰写公共政策和语言的专栏作家。2008年，担任《海峡时报》言论主任，2010年担任副总编辑。同时他也担任新加坡政策研究院院长，横跨新闻传播与公共政策研究两个领域。延揽这样的人才进入政府负责公共政策沟通，显然是新加坡政府在媒体环境改变之下，进一步主动加强对外沟通能力的信号。

之前负责政府政策传播的是新闻、通讯及艺术部，也负责与其他政府部门进行相关协调，但是整个媒体生态环境的巨变，已经对原有的作业方式产生冲击，必须要有专人更为紧密而且专门思考新媒体传播方面的策略。首席公共沟通司司长负责协调公共传播、开发政府传播政策的新能力，为各阶层的新加坡民众量身定制不同的信息呈现方式。

首席公共沟通司司长及其团队也需要协助政府延伸网上的触角，让政府的视频和录音片段可以在互联网广泛流传。

二、网络世界也要听到政府的声音

新加坡政府在新媒体与公共政策沟通方面做出直接而迅速的反应，源于2011年大选的政治冲击和施政检讨，也标志着执政者"新媒体思维"的确立。在新媒体时代，互联网汇集了各种多元观点，也模糊了不同媒体的界限。在复杂的新媒体生态环境里，减少管制将是大势所趋，政府一方面需要贴近这一方向，展示开明民主，以符合历史方向和顺应潮流；另一方面政府不能只是旁观，更需要在百家争鸣的互联网生态环境中积极参与，更好地了解民众与互联网的互动，同时确保政府在网络空间里拥有话语权，将政府的声音传递出去，而不是被虚拟言论淹没。

首席公共沟通司司长一职，就是希望政府能以一个整体的声音，贯穿不同传播平台，尤其是运用新媒体工具更好地向民众传达信息。在网络平台上众声喧哗的时候，各种声音和观点呈现、挑战、质疑的同时，也可以同时让政府的观点、解释、说明或回应在这些平台上同样呈现，不会因为缺席而导致一边倒的声音占据传播的主流。个体有权表达各种不同的观点,在网络上政府同时具有答辩权,这样才能让广大民众对政策以及连带的影响有全面的了解。

新加坡通讯及新闻部部长雅国在 2012 年 10 月的一次访谈中谈到,如何应对互联网是持续不变的挑战,而加强管制不是办法。"我不认为需要更多管制,我们真正需要的是鼓励人们对应有的行为有所了解或有一套守则,也就是保持有修养和礼貌。每个人,包括网络管理员、网站论坛把关者和网民都需要尽一份力。当你上网时,你可以尽情地留言、参与讨论以及加入论坛,政府不会阻止你,但请大家继续对彼此保持客气有礼。"①

雅国相信,要让互联网成为一个可展开健康、文明且谦恭交流的平台,应该由民间主导,由下而上地对网上行为达成一种共识。"我们的讨论不应该是关于要管制什么或是增设更多条例,而是要一个什么样的网络空间。"

如果要把互联网建设成为理性讨论的平台,政府需要谦卑地面对民众声音扩大的现实,也必须适应传播平台的改变带来的政策传播方式和姿态调整的需要。

新加坡政府意识到在新媒体环境下,"让人民听到政府的声音"变得尤为重要,因此在采用不同平台传达信息时,需要由专属单位统一制定一套"整体政府"宣传方略。这就是为何设立首席公共沟通司司长职务的原因。互联网技术和产业日新月异,对

---

① 洪奕婷《雅国:互联网百家争鸣 人民也得听到政府的声音》,载《联合早报》,2012年10月27日。

社会管理和政策传播则是更大的挑战,这只巨大的猛兽必然会继续成长,政府则有必要顺应变化、积极作为,让互联网和新媒体行业以不只对经济有贡献,而且整体对国家、社会,对凝聚民众有帮助的方式成长。

在政府与民众的双向沟通中,除了将政府的信息准确地传达给民众外,让民众知道政府已经听到他们的声音、他们的担忧会获得政府的正视也十分重要。负责沟通、收集民意的民情联系组则扮演由外及内、由下及上的公共沟通角色。

三、政府如何建立新媒体思维

呼吁政府部门建立互联网思维或新媒体思维,是一个知易行难的过程。一方面是公务员对新媒体的掌握、理解和运用的能力,并非一朝一夕就能建立起来。另一方面,新媒体思维本身就和现有的既定运作思维有很多不一样的地方,任何一个政府部门,毕竟都拥有庞大的机构和根深蒂固的内部工作文化和深层基因,这种经年累月建立起来的思维和运作惯性,也并非短时间内可以改变的。因此,政府部门建立新媒体思维,其实包括两个层面:

第一,政府部门内部的制度建设和新媒体能力素养,内部对新媒体传播的沟通和认知,整体工作文化和思维方式的改变;第二,在对外进行公共沟通时,能够善用、巧用新媒体的传播特性和功能,把握新媒体传播的规律,以及新媒体环境下的传播语境、姿态、话语模式和受众心理，从而有效地实现新媒体下的公共政策传播。

这两个层面都建立起来之后，政策沟通就会被视为政策制定的一个至关重要的战略环节，在政策制定过程的上游就会得到应有的考量，而不是一个政策成品推出后的下游动作。这也意味着从事与媒体沟通、联络的政府部门的新闻官，不再仅仅扮演行政协调的角色，比如上传下达、收集媒体的询问和意见，最后再把部门内部逐级审核过的官方回应提供给媒体，变成了纯粹的二传手。而是需要对政策制定的考量有相当的了解，才能在向公共渠道传播的过程中扮演有效角色，在有关公共信息传播的内部决策流程中具有话语权，并提出有效意见。从制度和作业程序上来说，让负责传播的官员参与完整的政策制定过程，即从最初起草到确定政策内容的阶段，能够保证政策最终实现有效地对社会传播。

由负责传播的官员参与政策制定和沟通的整体策略，有助于政府制定细致而专业的沟通策略，同时保持一定的灵活性和开放性。这就需要有意识地在新媒体时代培养具备新媒体思维的人才和官员，不论是在政策制定的岗位还是负责传播沟通的部门，在从制度上确立对沟通能力的倚重之后，就需要培养所有官员的沟通意识，包括对媒体专业和新媒体特性的认识。简单来说，新媒体时代的传播特点，已经使得政策制定者不能自外于传播环境，而是任何一项公共政策的初拟、构思、规划、制定和发布，都必须带入传播角度、沟通角度的思考，才可能获得民众对公共政策的最大支持。这个时候，每一个政策制定者，都必须是一个好的传播专家。

对于任何国家的政府部门的公务员来说，在制定政策是否需要征询公众意见或如何让公众参与时，都难免存在这样一种本能的排斥心理，担心在政策制定初期就纳入公共沟通的考量，政策选项反而将受到限制，变得束手束脚。这样的思路要么产生公共政策传播最终属于走过场式的局面，导致民众对政府的距离感；要么这一公共政策在传播过程中由于缺少之前的民意联系，而无法得到民众的理解与支持，遭到推行的阻碍。在新媒体时代，民众对于公共政策的知情权的诉求空前提高，大部分的公共政策必须得到公共支持才可能成功推行。与民意脱节的政策，即便出发点很好、设计很完美，但这样的政策必然传播乏力，更可能因此让政府和政党付出政治代价，而失去推行的空间。

在对外的公共政策传播中，新加坡政府统一制定一套"整体政府"的宣传方略，是十分明智的。因为，民众对政府的印象和判断通常是一个整体的认知，对政府的公共信任，也是按"整体政府"通盘考虑。民众只会看到整体的政府机器，不会去具体辨识各个部门沟通上谁强谁弱，也很少会对新媒体环境下不同部门在政策制定和传播的转型过程中所必然发生的磨合和碰撞特别宽容。不同政府部门的政策制定者要对这样的状况也有清醒的认知，打造政府和民众的情感联系与信任，是一门需要长期实践的艺术，也更需要传播技巧和沟通技巧的提升。

第二节
政治人物亲力亲为

一、政治人物大规模新媒体化

政府如何建立公共政策的新媒体思维？

这首先包括政府机构从机制上确立政策的新媒体基因，从发布机制、传播机制到反馈机制，利用新媒体的各种平台，扩大到达面、信息沟通和回馈渠道，从而使政策从规划、构思到制定、实施，都符合新媒体时代的传播特性的需要，达致有效实现的最大可能性。

除此之外，作为领导政府部门的领袖人物，善用新媒体的平台、通过对新媒体的熟练掌握，不仅有助于公共政策的推行，更对拉近与民众的距离、赢得政治支持大有助益。新加坡政治人物使用新媒体作为政策传播工具，也经历了从观察、试探到普及的过程。

比如，前文所述的新加坡一年一度最重要的政治演讲——总理国庆群众大会演讲，2008年开始邀请民众同步在社交网络平台脸谱页面上留言。2009年开始采用另一社交网络平台推特，让民众即时点评。但这还是提供平台式的间接传播，总理本人还没有采取直接通过新媒体或社交媒体与网民互动的方式。

在政治人物大规模使用新媒体之前，新加坡政府的立场是愿意与网民接触，但多是通过民情联系组与网民交流互动、收集反馈信息，而不愿进入网民的地盘或是搭建直接的新媒体平台与他们对话。但是经过数年对使用新媒体的尝试，了解新媒体的趋势、对新媒体的接触日多之后，新加坡政府越来越意识到利用新媒体，在结合传统媒体的优势和功能的同时，能够比以前更好地向民众传达信息。同时，新媒体的发展、扩张和渗透率迅速兴起，也形成合力，推动新加坡政府大步而广泛地采用新媒体。

2011年6月12日，李显龙在世界经济论坛东亚峰会20周年特别纪念会议的一场对话会上，被问及年轻一代抱有"急躁的理想主义"，政府在做出决策时该如何融入年轻一代的这种想法时，认为国家领导人必须懂得与年轻一代沟通的方式，包括使用他们所熟悉的"脸谱"和"推特"。"我们当中有些人会，有些人则没那么擅长。因为我们并不是在这样的环境中成长，但作为一个管理体制的人，我们都必须这么做。"[1]李显龙认为，领导人只有跟得上年轻人的步伐，了解他们的想法，才能以正确的方式来表述年轻一代的愿望。

李显龙的这番谈话，是有自身的经验基础的。就在发表这番谈话的一个多月前的5月4日，李显龙首次上脸谱网页与年轻选民谈大选课题，获得网民热烈响应，短短1小时就吸引了约5500条帖子，令他实在有点招架不住。李显龙坦言："我其实不知道该预期什么，也没做过这样的尝试。过去我只跟孩子一对一网聊，现在是这么多人对我一人网聊，但我很欣慰有这么多人参

---

[1]《联合早报》，2011年6月13日。

与，并踊跃提出他们的观点。虽然有点招架不住，但这却反映了网民的兴趣。这很好。虽然没办法深入讨论网民所有的问题或回答所有的疑问，但是我觉得这是一次有意义的活动。"①

第一次通过脸谱网这样的社交媒体交流，李显龙感觉这是一次融洽、相互尊重以及认真的交流，没出现一些恶意捣乱的网民，几乎所有的帖子都来自有认真的话要说的网民。由于反应过于踊跃，在约5500条帖子中，李显龙只能回复其中约50条。没有得到回复，却又值得关注的帖子，李显龙的团队再跟进处理。

之所以会在这时选择通过社交媒体与网民交流，主要是大选的需要。行动党需要争取年轻人的选票，而通过网络平台与年轻人进行平等交流，能够展示领袖人物平和的一面。因此，人民行动党青年团里的网络高手说服李显龙在网上和年轻人交流，象征性尝试的意义大于追求实际与网民沟通的效果，让年轻人有直接与总理讨论政治和时事的机会，而李显龙也可以借机传播自身的政治理念，提醒年轻人在国家建设进程中扮演的角色。

作为新加坡的一号政治人物，李显龙既然选择通过脸谱网与年轻网民交流，他就很聪明地转换话语体系，遣词用句变得"年轻"，使用年轻人较常用的词语，还在一些句子后面加上年轻网民所熟悉的表情图像，把自身形象变得轻松活泼。

政治人物的新媒体化是必需的进程。新加坡政策研究院曾在2011年大选后的两个月展开了有史以来最大规模的调查，对

---

① 杨永欣、郭丽娟《1小时5500条帖子 总理与年轻选民网聊》，载《联合早报》，2011年5月5日。

2000名满21岁的新加坡公民调查了解他们在大选期间使用媒体的习惯和政治倾向。[1]虽然结果显示，三成受访者透过脸谱网或博客等非主流媒体网站获取有关大选的信息，而他们当中，超过95%的人同时也从主流媒体接触到选举的相关信息。整体而言，受访者认为主流媒体比非主流的新媒体更加重要且值得信赖。他们花在主流媒体上的时间也比较久。受访者平均每天花6.35分钟从脸谱网上获取选举信息，却足足花上24.70分钟或3倍以上时间，从报纸获取选举信息。

但在2011年大选中，21岁至34岁的年轻选民网络使用习惯明显和整体不一样，根据这项调查，年轻人使用博客、脸谱网或推特的有28.2%，整体新加坡人为9.9%，通过电邮、脸谱网或推特分享网络信息，年轻人有20.2%，整体选民为9.9%。

2011年选举对政治人物的新媒体体验冲击也是很显著的。2011年10月，在新加坡大选之后的国会里首次出现了新的景象——新媒体被大量使用。至少有23名议员在国会议事厅里使用iPad，包括李显龙总理本人。许多议员也采取在国会演讲完之后，把演讲稿上传到脸谱网，让更多的民众可以通过社交媒体平台接触和了解他们在国会里面的发言。国会议长柏默宣布国会休会之后几分钟，他就使用手机把对新一届国会的感言上传到脸谱网。

往常议员们在国会发言的传播方式，都是通过报章或电视的国会报道来完成，议员们完整的演说内容限于篇幅、版面和播出

---

[1] 新加坡政策研究院《2011大选后调查》（IPS Post-Election Survec 2011），http://lkyspp.nus.sg/ips/wp-content/uploads/sites/2/2013/POPS-4 May-11 slides.pdf.

时间，都不可能被原原本本地呈现。而社交媒体帮助议员们打开了向民众直接而完整地传播信息的路径。

二、李显龙使用新媒体脸谱网

2012年4月20日，新加坡总理李显龙终于搭上新媒体列车，在下午推出自己的官方脸谱页面，引起了网民的热烈反应，短短半天，就有超过18,000名网民欢迎他"上车"。作为一国总理开设社交媒体账户，李显龙借此传达整个政府必须与人民多加接触的信息，对政党领导人来说，也是把触角伸向年轻选民的渠道。

在他的首篇脸谱文章中，李显龙谈的主要也是沟通方式和政策传播方式需要顺应新媒体而进行改变。他要透过脸谱网这个新辟的沟通渠道，倾听人民的意见和建议。他说："世界各地的社会、社区和政府，都不再与以往相同。我希望你们会觉得我的脸谱页面有意思。我将用它来提出在进行和思考的事，但我也希望听到你们的声音。让我们使用这个页面来厘清想法，认清如何共同改善生活。"

李显龙开设社交媒体账户，除了在网络世界引起热议和赞扬之外，开设这个举动本身就具有极大的新闻性，因此同样引起传统媒体的关注和重视，《联合早报》《海峡时报》等新加坡主流媒体都在头版突出报道。

与多数国家的政府通过政府网站接触民众相比，新加坡的政治人物显得特别热衷于使用脸谱网等社交媒体来展示自己的新媒体思维和施政方略，拉近与民众的距离。国家发展部部长许文远也很早就使用脸谱网和博客来收集民意、分享看法，甚至是发布政策和新措施。国家发展部兼人力部政务部长陈川仁，则通过脸谱网来对一些热门话题表明立场，如野猫问题、火车轨道用途和外劳政策等。

政治人物通过网络与民众沟通，除了增加亲和力，另外一个非常重要的功能是打破中间环节的信息截留，能够直接获取民众对于政策的反馈或批评，而不会被中间环节的公务人员基于各种原因将民众的直接意见进行过滤或截留，而造成信息阻梗。

李显龙正式开设脸谱账户后，数天内就收到3000多人的留言反馈，涉及公共交通、住屋、生活费等公众关注的民生问题，其中一些对政策的反馈意见，让李显龙得以直接了解民间的看法，并将这些言之有物的问题或意见转达给相关政府部门参考处理。基于民众通过社交媒体对政府领导人提出如此多的观点，相应地，期待值也会提高。李显龙也解释网民提出的很多问题是复杂、长期的，政府正在努力探讨，希望大家能耐心并给予政府支持。

民众在赞扬李显龙开设社交媒体账户、增加沟通渠道的同时，也表现出相当的理性。他们明白，作为总理，国家事务繁重，因此并不要求他经常上网留言，也能谅解他没时间读完网友们的所有看法，但还是希望他能分享鲜为人知的一面，让新加坡更认识他的为人。就有好奇的网民提问李显龙晚餐通常吃什么，获得李显龙回应，称自己通常吃得很简单，喝汤、吃饭和几道小菜，以及很多水果。

李显龙开设脸谱页面以来，所上传的文章涵盖广泛，严肃、轻松的课题都有。包括他出国或在新加坡与各国政治领袖的会面、出席各种活动的记录、遇到的人物故事，分享看到的一些外国传媒的报道和分析，等等，以及日常生活的片段、他和普通百姓的互动、个人在阅读、步行、听古典乐和"玩电脑"方面的爱好，一些鲜少曝光的照片也通过脸谱网对外发布，比如李显龙小学六年级毕业时与全班同学的合照、与夫人何晶的结婚照等。他甚至和外国领导人玩自拍，充分展示社交媒体中放松、平和的一面。如今，每出席一个活动后，上传脸谱帖子、挑选照片与粉丝们分享，已成为李显龙生活中的习惯。

2012年6月4日，李显龙总理与到访的中共中央政治局委员、广东省委书记汪洋会面。政府随后所发的文告寥寥数语，主要指出李显龙和汪洋再次肯定新粤的友好关系，并针对两地所面对的共同挑战交流看法。有趣的是，李显龙在脸谱页面上，以"与广东省委书记汪洋一席谈"为题的文章，相当完整而详尽地总结了两人的讨论重点。

2012年6月17日是父亲节，除了祝愿所有为人父者节日快乐之外，李显龙在脸谱页面上感性地写道："小时候，双亲都有工作，但他们总是会抽出时间陪我和弟弟、妹妹，并在每个成长的重要时刻陪伴我们一起度过。现在，我有自己的孩子，我深刻地了解到父亲的责任是多么艰难。但何晶和我都很珍惜这份看着我们四个孩子成长为独立青年的喜悦和满足感。"

正所谓"有图有真相",李显龙还在脸谱页面上传两张照片。一张是20多年前的旧照片,照片中他抱着两岁不到的次子,何晶则身怀六甲,两人脸上都洋溢着为人父母的喜悦。另一张是夫妇两人和4个孩子在邻里的熟食中心和普通百姓一样一起用餐。对这两张照片,李显龙感叹时光飞逝,仿佛不久前孩子年纪尚小,两人还在为孩子们更换尿布,可是一眨眼,另一张上传的照片中的孩子都已经长大成人,一起围坐用餐了。

2012年8月30日,李显龙更邀请19位社交媒体"粉丝",到总统府一起共进下午茶。19位"粉丝"来自不同背景和年龄层,包括新加坡的著名博客作者以及在网络上人气超旺、当时年仅6岁的网络童星"加加博士",他们讨论的课题广泛,包括网上行为和新加坡的生育率。

2013年2月,新加坡建国总理李光耀因短暂性脑缺血发作住院治疗,他身体不适的消息传开后,立即引来国际通讯社和外国媒体报道,也引起新加坡人的关注,李显龙的脸谱页面因此成为民众留言表达慰问及献上祝福的最好平台。李显龙也留言回应感谢,从而与公众实现温情的互动。

当然,社交媒体具有公共性,除了网民可以和政治人物直接互动之外,它同时也是一个讨论甚至辩论的平台,每个人都可以看到别人的留言,因此容易引发不同看法的辩论甚至极端言论的出现。这需要政治人物有相当的心理准备和心理承受能力。

三、成为新闻源，完成议程设置并推动政策发展

李显龙的社交媒体账户不仅仅是网民了解他的另一个渠道，也成为李显龙发布各类信息引起新闻媒体关注的重要途径。负责政治新闻的新加坡记者每天都会不时查看李显龙的脸谱页面，从中寻找新闻线索，摘录李显龙对一些事务的看法。对其他政治人物也一样，记者们纷纷在网上与开设社交媒体账户的政治人物结为"朋友"，这已成为媒体记者追踪新闻的必要手段。因为只有加为朋友或"互粉"，当政治人物留言时，记者才能第一时间获知，并处理成相关的新闻报道。

李显龙在社交媒体发布的文章，能够完成议程设置的功能，并主导话题，推动民众关注某项政策或议题，进而带出政府的观点，获取民众的支持。

2013年5月，李显龙在脸谱页面上分享了英国广播公司（BBC）一则题为《新加坡小贩中心美食文化可否生存？》的新闻报道，报道引述了新加坡环境及水源部部长维文受访时针对小贩行业无法吸引新人接手所表达的担忧。因为政府可以建造更多的小贩中心，但不一定能吸引有兴趣的新手加入小贩行业。该篇报道也访问了多名小贩，展现了新加坡小贩独门美食秘方面临失传的困境。

李显龙在分享文章中呼吁新加坡人加入熟食小贩行列，确保专属新加坡独特生活风貌的美食文化得以传承。并透露自己与家人喜欢本地小贩美食，其中最爱中峇鲁的豆花和锡安路的炒粿条。

他同时宣示政府接下来的政策：接下来几年将建更多新小贩中心，服务民众。

这篇分享引起了民众相当大的反响，因为小贩中心是新加坡独特的文化，既是解决一日三餐的首选地，也是邻居朋友的感情联络站，成为新加坡人集体记忆中的重要部分。李显龙分享国外媒体关于新加坡小贩中心后继无人的报道，再次令新加坡人关注小贩高龄化和年轻人不愿继承小贩行业的趋势。而李显龙在分享时宣示的建设更多的新小贩中心，原本就属于政府的既有规划之中，但如果单单宣布这些计划，未必能够引起民众的足够重视。而通过社交媒体分享文章，设置讨论的议程，激发民众讨论的情感源泉，这时候看到政府的表态和规划，认同度会大大提升，极为有效地完成了公共政策的传播并深入人心。

2013年5月27日，李显龙也启动了照片分享的社交媒体Instagram账户，希望能透过这个照片分享平台接触更多新加坡人，特别是年轻人。在短短两年间，李显龙已经成为使用社交媒体的老手、高手，通过新媒体拉近与人民的距离，更带动新加坡政府的整体新媒体思维和互联网意识。李显龙这样直接评价："我发现这是一个很有效的渠道，可以直接、迅速地跟人民交流，有它的价值。我星期三上传到网上有关猫头鹰到访总统府的小故事，不知道会那么受欢迎，上传一天之后就有50万人点击。"

新加坡负责房屋建设和国家规划的国家发展部部长许文远更是善于利用新媒体完成议程设置，他每在网上发表一篇"博文"谈到公共政策，部门的公关都会主动提醒媒体的记者上网查阅，以免媒体遗漏他通过网络发布的新闻，以此实现传统媒体和社交媒体的互动传播，实现政策意图传播的最大化。

四、通过新媒体发布政策的争议

政治人物使用新媒体，也有策略、方式、幅度、技巧的差别，有的人相对得心应手、善于主导话题、引人关注，有的却没有产生多大的关注和反响，在网络舆论中激荡不起涟漪。

担任新加坡国家发展部部长的许文远在之前担任卫生部部长时，就率先设立了"部长博客"，公开分享他对卫生政策的看法，转到国家发展部后，直接透过"屋事"博客宣布新政策，"博文"内容接二连三登上各大报的头版。

这位部长可说是善用新媒体的高手，为个人争取到很高的曝光率。许文远经常在博客上谈房地产市场的政策以及他对这些课题的想法，无论是宣布增加新组屋供应、增建租赁组屋、公开转售组屋市场的交易量及买家类别，还是对私宅供应和价格上涨问题表示担忧等，这类"房事"总是最引人关注。他接任国家发展部部长后在博客上发表的第二篇"博文"，就宣布为了协助新婚夫妇尽快拥有自己的组屋，原本预计在明年初推出的新组屋将提前在今年内推出。

然而，单单通过新媒体平台发布重大政策的方式，也引起传统媒体的不安和批评。《联合早报》一位记者就发表文章，认为政府部门过去是通过正式新闻稿或公开活动的部长演讲来发布重大政策，许文远显然颠覆了传统的做法。而在部长写"博文"和政府部门正式发布新闻之间，应该有更清楚的区分。部长在博客上发表的文章是纯属个人看法，还是正式宣布，这条界线该如何厘清？正因为是非正式的宣布，部长在网络上所发表的一些看法都没附带太多详情，反而引起人们的揣测或期待。而且，只透过网络发布新闻、不正式发出新闻稿的做法，也会使一些不熟悉网络世界的民众，尤其是完全不懂得使用电脑的年长者错失一些重要信息。[1]

政治人物使用新媒体，亲力亲为，因为自身的号召力、民众的好奇心、信息的垄断性等因素，是比较容易经营成为接触民众、打造良好政治形象的平台，也能够借此进一步确立执政者的新媒体思维或互联网思维。政府部门的机制化和政治人物的社交媒体化，是政府整体确立网络思维的两翼，缺一不可。而政治人物通过新媒体平台发布政策，引起一些争议，恰恰说明新媒体思维并没有划一的标准，政治人物需要摸索，传统媒体和社会大众需要重新适应，新媒体平台的功能和作用也在不断发生变化。因此，这会是一个不断演变、不断磨合的动态过程。这也体现了互联网发展的特性。

---

[1] 郭丽娟《新媒体与新闻发布》，载《联合早报》，2011年7月9日。

第三节
烟霾危机中的政策传播

一、政策应对和传播方式的 5 个特点

新加坡政府在应急机制方面，很早就采取全方位的策略，动员多个部门，共同应付可能出现的紧急事件。解决紧急事件，本质上就是看政府的政策能否快速奏效、传播能否立竿见影、传播效果能否建立公信力，从而降低政策实现成本。

以多次困扰新加坡的烟霾问题为例，由于烟霾多来自印度尼西亚廖内等省份农民清理棕榈园烧芭带来的林火，新加坡本身并没有直接有效的政策制止烟霾危机，只能通过外交协调、经济援助、区域施压等手段，都是治标不治本。早在 1994 年，新加坡政府成立了跨部门的烟霾问题特别工作小组。自 2004 年，政府将危机管理小组制度化，以处理特定的威胁。除了由部门最高公务员常任秘书组成国内危机执行小组，政府还另外成立一个由副总理张志贤主持的国内危机部长级委员会，以实现各部门的有效动员。

2013 年 6 月，新加坡发生历来最严重的烟霾危机。由印度尼西亚烧芭造成的空气污染极为严重，指数不断创下新加坡有史以来最危险的水平，危害已经超越环境领域，成为攸关全民生命健康的国家安全问题。

这对政府部门的应对、应变能力是极大的考验。一方面要从源头入手，加大对印度尼西亚的交涉；另一方面要在国内应对有方，除了常规的标准作业之外，还需要对民意的质疑、疑虑、担忧，做出迅速而准确的政策反应、解释与说明。

在烟霾危机进入第五天、空气污染指数创下新高的同时，新加坡政府启动由国防部长领导的抗烟霾跨部门部长级委员会，全面对抗这场环境与公共卫生危机。参与部长级委员会的部门包括环境及水源部、外交部、通讯及新闻部、卫生部、社会及家庭发展部、教育部和人力部。

面对危机，政府动员最高层级的委员会应对，同时出台具体的政策，那么，最终要如何在这场危机中能够有效地把政策传播出去并获得民众的支持认可？危机事件的发酵演变中难免伴随着各种谣言或传言，要如何应对从而发挥出政府应有的公信力？新加坡政府采取的政策应对和传播方式可圈可点，可以概括为以下几点：

新闻发布会高规格

由总理亲自主持召开记者会，邀请国内外媒体出席，国防部部长、环境部部长等一起出席。如此规模的阵容，本身就释放出一个强烈的信号，反映出新加坡政府严阵以待，自然会引起媒体投入巨大的资源去传播和介绍政府部门采取的相关政策和应对手段，同时也会对新加坡政府处理危机的姿态进行评点和分析，间接帮助政府传播高度重视的信息，也建立起有利的正面形象。

传播语言晓之以理、动之以情

烟霾问题非新加坡政府之过。从外交层面，新加坡并没有强大的王牌迫使印度尼西亚高效快速响应，同时还要兼顾印度尼西亚内部复杂的政治派系，看到中央与地方的权力分割、官商特殊利益关系的状况，只能晓之以理、动之以情，过于强硬难免两败俱伤，并激起印度尼西亚国内的民族主义情绪，损害两国长远的利益。这是政府需要考量的地缘政治因素。烟霾事件中，人们看到新加坡政府的局限，但是仍期待政府能够发出更强的声音。人们知道政府和他们一样愤怒，但还是希望看到政府能够代表他们表达出这种情绪。政府需要感受并理解这一民意，再做出负责任而又平衡得当的拿捏和表达。

新加坡民众对印度尼西亚造成烟霾灾害大加挞伐，希望政府强硬以对，这是自然的心理、人之常情，但并不符合现实的国际关系格局。因应这种情绪，李显龙在记者会上没有迎合民众，而是坦诚以对，解释政府在对印度尼西亚施加压力时面对现实局限，并指林火规模之大令任何追究责任的工作变得困难，问题是无法在朝夕之间就能解决的。他坦白地说："新加坡与印度尼西亚都拥有主权，新加坡目前无法在任何机制下促使另一国家展开行动。我们能鼓励对方，要求对方，但各国最终有权力也有责任解决自己国内的问题。"

国防部部长黄永宏则说:"我们得依赖印度尼西亚政府从源头化解这场灾难,同时,我们自己必须应对烟霾带来的影响,因为这会持续。问题不是我们造成的,但是我们的应对措施会决定我们是否会被烟霾击败。我们不能被击败。烟霾会考验我们的经济和社会韧性。"

这样"示弱"的表述,反而能够获得新加坡民众的理解,因为国际政治的现实多年来早就教育新加坡民众在处理区域关系时需要面对这些无奈,政府领导人诚实坦白地提醒、讲道理、说实情,是可以缓解民众这方面的压力而换取支持的。

坚定澄清质疑

烟霾问题加剧后,新加坡民众密切关注空气污染指数的起起落落,任何关于环境的议题、动态和进展,都会迅速引起民众的关注和议论,尤其在网络空间,各种流言和谣言也就很容易出现和流传。比如网上有谣言说新加坡政府到邻国购买900万个口罩,但不是要给民众的。也有谣言诬指陈笃生医院趁机抬高N95口罩售价发烟霾财。在烟霾危机期间,互联网上还流传一张显示新加坡环境局网站的污染指数数据照片,网民指出网站一度显示空气污染指数比政府最后公布的数据高,因此产生怀疑,认为新加坡政府在瞒报数据。

李显龙在记者会上回答记者相关询问时强调,新加坡政府"不玩这种游戏",并说"政府的数据不可能有问题,否则麻烦就大了"。环境及水源部部长维文则进一步解释使用特定空气污染指数的根据,同时重申政府确保信息透明的承诺,也强调对数据的恰当使用与分析才有意义,他形象地做了个比喻:不然"到头来大家只是追着自己的尾巴跑"。

政策言之有物

危机时对外发布政策,要想达到好的传播效果,必须要确保言之有物、令人印象深刻甚至安心,才能形成达致内心的传播力量。

领导抗烟霾跨部门委员会的国防部部长黄永宏在记者会上说明委员会的三大要务。首先,确保脆弱人群受到良好的照顾。从记者会当天起,18岁及以下青少年、65岁及以上年长者、获公共援助金及加入社保援助计划者等,如因烟霾引起呼吸系统及结膜炎疾病,到指定诊所看病只需10新元,其余的由卫生部承担。其次,委员会也将确保商业活动和生活照常进行,并会对从事必要工作、保安工作及需在户外工作者制定指导原则。第三,委员会也会加强信息透明度,每天举行记者会公布进展。

抗烟霾跨部门委员会的具体工作包括设立烟霾专属网站,每小时公布过去24小时空气污染指数(PSI)和细微悬浮颗粒PM2.5平均浓度。卫生部则公布全国储备、能过滤空气中95%悬浮颗粒的N95口罩有近900万只,相比较500多万的人口,货源绝对充足，公众无须抢购。

最令人感到政府有力举动的是，抗烟霾跨部门部长级委员会动员武装部队，将100万只口罩派送到全国87个选区，再由人协基层组织分发给20万户低收入新加坡人，对弱势群体的照顾和倾斜，极有效地争取到了民心。军人还协助将300万个口罩分发到市区的各个零售点，以缓解民众到超市恐慌地抢购口罩的现象。

充分发挥新媒体的传播作用

在新加坡应对雾霾危机的过程中，充分发挥了新媒体和社交媒体在政策传播中的力量和作用，充分体现了执政者的新媒体思维。新媒体和社交媒体既是传播讯息的平台，同时也是传播谣言的载体。政府需要善用这一载体，既要传播信息，同时又加紧辟谣。当烟霾笼罩新加坡时，网络上的谣言随之而起，不断出现。新加坡政府采取的方式是"以其人之道，还治其人之身"，迅速通过网络进行辟谣，甚至专门设立一个名为"紧急101"（Emergency 101）的网站，用来辟谣。这种迅速反应的方式，既是一种防卫方式，同时也是一种政策进攻的方式，不断进行即时的信息发布，保持进行式的政策对话。这个"紧急101"网站是由通讯及新闻部迅速启动部门中的政策通讯团队辅助环境及水源部与国家环境局设立，旨在为民众提供及时又准确的信息，包括把环境局每晚记者会传达的信息上传到网站上和纠正坊间一些错误的论点或谣

第九章
与网共舞：新媒体时代的政策传播策略

新加坡政府在烟霾危机期间，推出"紧急101"网站，为民众提供及时又准确的信息，包括把环境局每晚记者会传达的信息上传到网站上和纠正坊间一些错误的论点

言等。与此同时，团队也做到跨媒体信息传播，在每晚的记者会上回应和反馈网上的信息和言论。这些措施都极为有效地把信息和政策透明传播，并挤压了谣言存在的空间。

新加坡的政治人物也善用社交媒体及时向民众喊话，通报政策、安抚人心。烟霾危机升高的时候，李显龙在凌晨1时许更新脸谱网页说，早上的第一件任务就是与部长们讨论空气污染指数超标的事宜。外交部部长尚穆根也在深夜近11时更新他的脸谱页面，表示新加坡将在会议中向印度尼西亚提出建议，并阐述新加坡希望看到的行动。这些快速通过社交媒体向民众传递的信息，都在危机之时起到了稳定民心的作用，并展示了政府执行政策的效率。

新加坡荣誉国务资政吴作栋也通过脸谱网，发表对烟霾问题的看法，并幽默地回应印度尼西亚人民福利统筹部长称新加坡"不应该像个小孩一样吵个不停"的指责。他写道："新加坡小孩被窒息，他怎能不叫喊？"

二、政府与民众沟通还可以再加强

2013年6月的这场烟霾危机对新加坡存在短期与长期的负面效应。从短期来说，全国上下面临恶劣的生活环境和健康危机，再高耸入云的大楼、再歌舞升平的胜地，再花园国度的美誉，在民众眼里都变成了浮云，看起来更像是海市蜃楼。健康危机是对民众利益最大的伤害，也是对新加坡国家利益的极大损害。从长期来说，这样触目惊心的情景，对于新加坡在国际上的形象，乃至吸引外资、吸引国际人才、打造宜居城市，都将产生一定的负面影响。在这场烟霾公共卫生危机中，很多人都感到前所未有的脆弱，这种脆弱来自全国上下无奈的心境，形成一种巨大的无力感。

新加坡政府的跨部门部长委员会，以及环境、卫生、人力等部门的相应措施，为应对危机而制定的公共政策，对于解决问题、消除污染，并没有起到直接的作用。这对新加坡政府来说，也提供了另一个传播国家意识和公共政策的机会：即认识新加坡繁华背后脆弱的生存现状。居安思危的国民教育一直是新加坡政府希望让民众深刻了解的内容，从而对政府的长远规划和相关政策能够更深入理解。但新加坡人总是容易被日常平静、安逸舒适的常态所麻痹，繁华背后，新加坡优越的制度、效率、廉洁，引以为傲的比邻国具有的优势，毫不费力地就被邻国提醒了软肋所在。

通过危机事件中的政府应对和信息传播，新加坡民众更能从烟霾事件中认清没有腹地的尴尬，在无力的脆弱感中体味区域格局的现实。先进的全球金融中心、高科技的智慧岛国、巨额投资的旅游景点，却轻易地就被刀耕火种的原始状态侵袭，这是生存质量的威胁，也是国家安全的威胁。空气的命运自己还无法完全掌握，在烟霾凸显出的脆弱面前，新加坡有必要进行战略筹划，守护一方民众的生活质量，也维护国家的至高安全。这就对新加坡另一层面的国家规划和发展政策，提供了很坚实的认知基础，也便于政府的相关政策更容易得到民众的理解和支持。

当然，危机事件的处理不可能尽善尽美，在民间也还是有对政府政策的微词和批评。这很正常，而应对这种批评，其实也是政府实施公共政策能力的体现。有舆论批评政府抗烟霾跨部门部长级委员会启动仍然迟缓，相关部门的具体抗霾机制和指引更是姗姗来迟，领导抗烟霾跨部门部长级委员会的国防部部长黄永宏在烟霾危机后期回应这些批评时，同意在这次烟霾危机中政府与民众的沟通"是其中一个可以加强的环节"。他说："在紧急时刻，信息的缺乏或是错误的信息，无论是人们视为如此或确有其事，往往都可能比危机本身带来更大的问题。而我们在某种程度上从口罩抢购现象中可看出来。"虽然政府采取的应急方案"基本框架是健全和全面的",但在烟霾问题的沟通、指导和教育方面仍有改善的空间。"在面临威胁时,政府需要给予人们更多和更即时的信息,让他们安心,更了解风险和懂得保护自己。"危机之时,因为信息不全或对信息误解造成的不安,很容易转化为疑虑,各种猜想、怀疑、不安就会侵蚀人们对政府的信任,继而给政策的实施和落实带来负面效应。